글쓰기 논술 **쓰마⁺** 2단계-2

철학 박사 **박우현** 책임 감수
글쓰기전략연구회 **쓰마와 하마** 지음 · **유남영** 그림

머리말

나를 위한 글쓰기 - 쓰마!

글쓰기는 과정입니다. 나만의 사고와 느낌이 중요합니다. 글쓰기에서는 어떤 글자를 얼마나 많이 썼느냐가 중요하지 않습니다. 내 생각을 어떻게 쓰고 있느냐가 중요합니다.

모든 글쓰기는 궁극적으로 나를 위한 글쓰기입니다. 이 책은 결과 중심 글쓰기 교재가 아닙니다. 과정 중심 글쓰기 논술 교재입니다. 과정 중심에는 '나'가 있습니다.

글쓰기는 자신감입니다. 이 책은 '도입-기초-발전-심화-나만의 글쓰기'로 구성되어 있습니다. 차례대로 글을 쓰다 보면 은은하게 다가오는 황홀감을 느낄 수 있습니다. 글쓰기 초보자도 자신감이 생깁니다.

글쓰기는 가치 있는 창의력을 배경으로 합니다. 이 책에는 초등학교 국어 교과가 녹아들어 있습니다. 갑작스럽게 다가오는 즐거움을 국어 시간에도 느낄 수 있습니다.

이 교재는 방과 후 학교 교재로도 좋고, 엄마와 함께해도 좋습니다. 질문이 분명하여 학생들이 즐거운 마음으로 할 수 있기 때문입니다.

독서 지도와 함께하면 더욱 좋습니다. 이 책은 독서 지도 교재가 아닙니다. 글쓰기 논술 교재입니다. 그러나 글쓰기도 독서를 위한 행위입니다. 글을 잘 쓰려면 많이 읽어야 합니다.

어린이를 위한 모든 교재는 선생님 중심이 아니라 어린이 중심이어야 합니다. 과정 중심 글쓰기 논술 교재는 학습자 중심의 교재입니다.

철학 박사 **박우현**

글쓰기 논술 쓰마+ | 모범답안 + 글잡이 | 2단계 - 2

비교 쓰기

▶ 생각을 열어요 (6~7쪽)

1. [모범답안]
아파트와 벌집, 축구공과 야구공, 나비와 나방, 시루떡과 케이크

2. [글잡이] 비교를 하기 위해서는 서로 닮은 점이 있어야 합니다.
예) 기차와 버스, 자전거와 오토바이, 고래와 상어, 연필과 샤프, 촛불과 전깃불, 축구와 농구 등.

3. [모범답안]
① 종류 ② 모양 ③ 색깔 ④ 재료 ⑤ 쓰임새
⑥ 끝 부분

▶ 생각을 키워요 (8~9쪽)

1. [모범답안]
① 발에 신고 탄다. ② 고무로 된 바퀴 ③ 얼음 위 ④ 평평한 곳

2. [모범답안]
① 둘 다 발에 신고 타는 것입니다. ② 날카로운 금속 날 ③ 얼음 위 ④ 고무로 된 바퀴가 ⑤ 공터 ⑥ 브레이크

▶ 생각을 펼쳐요 (10~12쪽)

1. [모범답안]
(1) 사람들에게 정보를 알려 준다.
(2) • 신문은 글자와 사진으로 소식을 전하고, 텔레비전은 말과 화면으로 소식을 전한다.
• 신문은 하루에 한 번 종이로 나오므로 생생한 소식을 전하기 어렵지만, 텔레비전은 시간마다 자주 생생한 소식을 알려 준다.

2. [글잡이] 기준을 삼을 수 있는 것에는 색깔, 모양, 재료, 쓰임 등 여러 가지가 있습니다.
(1) 예) 축구공과 야구공
(2) 예) 공통점 - 쓰임새 : 운동할 때 사용한다.
         모양 : 둥글다
    차이점 - 크기 : 축구공은 크고, 야구공은 작다
         움직임 : 축구공은 바닥에 떨어졌을 때 통통 튀지만, 야구공은 잘 튀지 않는다.

3. [글잡이] 공통점과 차이점이 드러나게 두 사물을 비교하는 글을 쓸 때에는 처음에는 무엇을 비교할 것인지를 제시하고, 가운데에는 공통점을 쓰고 그 다음으로 차이점을 씁니다. 마지막 부분에는 비교한 사물들 간에 공통점과 차이점이 있다고 정리합니다.

표현 쓰기(동시)

▶ 생각을 열어요 (14~15쪽)

1. [글잡이] 글감은 소재라고도 하며, 무엇에 대해 썼는지를 알려 줍니다. 천천히 동시를 읽어 보면 글감을 찾을 수 있습니다.

[모범답안]
세상에서 제일 무서운 것(김용택) / 어머니의 눈물(정두리) / 배꼽(이혜영) / 봄꽃씨(이천만)

2. [글잡이] 동시를 쓸 때 가장 고민하는 것은 글감입니다. 글감을 찾을 때에는 본 것, 들은 것, 관찰

하거나 생각했던 것 등을 떠올려 봅니다.
[모범답안]
- 사람 : 선생님, 친구, 엄마, 동생, 할머니
- 물건이나 장소 : 학원, 인형, 책, 우리 집, 운동장
- 자연 : 봄, 무지개
- 기타 : 시험, 시간표, 공부, 소풍, 방학, 숨바꼭질, 코끼리, 영어

▶ 생각을 키워요   (16~17쪽)

1. [글잡이] 시에 흉내 내는 말을 담으면 좀 더 살아 있는 느낌을 줍니다.
   (1) 예) 왁자지껄, 시끌시끌, 우당탕, 쿵 등.
   (2) 예) 어슬렁어슬렁, 뒤뚱뒤뚱, 깡충깡충, 긁적긁적 등.
2. [모범답안]
   깡충깡충, 야옹야옹, 나풀나풀, 방긋방긋, 생글생글

▶ 생각을 펼쳐요   (18~20쪽)

1. [글잡이] 표현하려는 사물을 다른 사물에 견주어 나타내는 방법을 비유라고 합니다. 비유를 사용하면 시의 느낌을 잘 전달할 수 있습니다.
   예) • 단풍 : 사과처럼 / 단풍은 사과처럼 빨갛다.
   • 사과 : 해처럼 / 사과는 해처럼 둥글다.
   • 바다 : 하늘처럼 / 바다는 하늘처럼 파랗다.
   • 하늘 : 산처럼 / 하늘은 산처럼 높다.
   • 솜사탕은 눈처럼 하얗다. / 솜사탕은 솜처럼 보드랍다.
2. [모범답안]
   채송화, 채송화, 강아지, 송아지, 잠자리
3. [글잡이] 적당한 흉내말과 비유어를 사용하여 자신만의 동시를 지어 봅니다.
   (1) 예) 운동회 날 달리기를 하는 모습.
   (2) 예) 겅중겅중, 헐레벌떡
   (3) 예) 말처럼 잘 달린다. 개처럼 잘 달린다.
   (4) 예) 겅중겅중 달리는 친구의 모습이 마치 송아지 같다.
   (5) 글감과 흉내말, 비유어를 생각했으면, 느낌을 살려 시를 지어 보세요.

겪은 일 쓰기

▶ 생각을 열어요   (22~23쪽)

1. [모범답안]
   생활문의 글감은 자신에게 있었던 일, 보았던 일, 생각했던 일 중의 한 가지를 골라서 씁니다.
   (1) 이사, 또는 정든 집
   (2) 호박엿, 또는 불량 식품
2. [글잡이] 생활문을 쓸 때에는 적당한 대화글을 사용합니다. 대화글을 넣으면 쉽게 읽히고, 지루하지 않습니다.
   (1) 누구냐? / 내 이름은 산 오뚝이에요. / 거짓말!
   (2) • 밑줄 : 너무 힘들다고 했더니 조금만 힘내고 올라가면 아이스크림을 사 주시겠다고 했다. 장하다, 잘 올라간다, 조금만 가면 된다.
   • 대화글 : "너무 힘들어!" / "조금만 힘내고 올라가면 아이스크림 사 줄게." / "장하다." / "잘 올라간다." / "조금만 가면 된다."

▶ 생각을 키워요   (24~25쪽)

1. [모범답안]
   (1) 맛있는 간식
   (2) 거북이, 노랗지, 곰보, 갈, 노란, 짧은
2. [모범답안]
   생활문에서 빠져서는 안 되는 것이 바로 느낌과 생각입니다.
   (1) 맛있는, 화가 나서서, 신나게, 즐거웠다, 한판을 져 드려야겠다.
   (2) 무섭다, 좋을, 나쁘기도, 속상했다, 싫지

▶ 생각을 펼쳐요   (26~28쪽)

1. [모범답안]
   생활문을 눈으로 보듯 자세하게 쓰거나, 있었던 일을 실감나게 표현하려면 생각과 느낌을 담아야

합니다.
(1) 가족과 양평에 있는 바탕골 미술관에 갔던 일.
(2) "오늘은 가져가지 못한다." / "컵을 잘 말려서 나중에 줄게." / "네가 보면서 느끼고 생각나는 것을 마음속으로 생각하다 보면 알 수 있어."
(3) 말랑말랑하고 부드러워졌다. / 훌륭하고 멋있는 / 섭섭했다. / 이해할 수 없는 것들이 많았다. / 이해할 수가 없다. / 어렵다.
(4) 예) 바탕골 미술관, 또는 가족 나들이

2. [글잡이] 사진을 보고 무슨 일이 일어났을지 생각해보고, 느낌을 질문에 맞게 자유롭게 적어 봅니다.
(1) 예) 놀이터에서, 모래를 가지고 놀고 있다.
(2) 예) "조금 더 높이 쌓자." / "아니야, 이대로 둘래."
(3) 예) 놀이터에서 언니(누나)와 친구와 함께 모래를 가지고 놀았어요.
(4) 예) 재미있다, 즐거웠다, 모래가 부드러웠다.
(5) 예) 놀이터에서

3. [글잡이] 생활문은 일정한 형식 없이 자유롭게 쓰는 글입니다. 듣거나 경험했던 일 등에 느낌과 생각을 눈으로 보듯 자세하게 담아서 써 봅니다.

상상 쓰기

▶ 생각을 열어요   (30~31쪽)

1. [모범답안]
⑤, ②, ③, ①, ④

2. [글잡이] 글을 읽을 때에는 등장인물의 행동을 살펴서 다음에 어떤 일이 일어날지, 원인과 결과를 생각하며 읽습니다.

[모범답안]
(1) 목적지에 모두 같이 도착했을 것이다. 왜냐하면 서로서로 도우면서 목적지까지 가기 때문이다.
(2) 경주에서 앞선 토끼가 나무 밑에서 낮잠을 잤기 때문이다.
(3) • 같은 점 : 동물들이 목적지에 가기 위해 경주하는 것이다.
• 다른 점 : 〈친구야, 같이 가〉에서는 네 마리의 동물이 서로 도우며 목적지까지 가는 것이고, 〈토끼와 거북이〉에서는 자신이 목적지에 먼저 도착하기 위해 다른 동물을 돕지 않는다. 즉 등장인물의 마음과 행동이 다르다.
(4) 〈친구야, 같이 가〉에서는 경주가 끝난 뒤 모두 기뻐하며 친구가 되겠지만, 〈토끼와 거북이〉에서는 거북이만 기뻐하고 토끼는 자신이 진 것을 억울해하면서 거북이에게 다시 경주하자고 할 것이다.

▶ 생각을 키워요   (32~34쪽)

1. [글잡이] 글의 주인공을 바꿀 때에는 사건의 순서는 원래 이야기대로 따라가야 하며, 주인공의 성격이나 처한 상황에 따라 사건을 다르게 보는 것으로 바꾸어야 합니다.

예) 사실 내 친구들 사이에서 백설 공주는 새침하기로 유명해요. 친엄마가 없는 백설 공주는 친엄마에 대한 그리움과 외로움으로 궁궐 밖을 자주 나왔어요. 그래서 나이가 비슷한 우리들과 자주 놀러 다녔지요. 백설 공주가 없어진 그날, 공주가 자신의 새어머니가 아끼는 거울을 구경하다 깨뜨렸다고 했어요. 겁이 난 백설 공주는 우리 친구들과 함께 산속에 놀러 가게 되었고, 그만 깜깜한 밤이 되어 길을 잃게 되었어요. 그러다 마을 사람들과 신하들이 산속에서 우리를 찾은 거예요. 우리는 어른들에게 혼이 날까 봐 겁을 먹고 있었는데, 우리를 대신해서 백설 공주가 나서서 거짓말을 해 주었어요. 사실 우리 모두의 잘못인데 말이죠. 이제는 백설 공주와 백설 공주의 새어머니가 오해를 풀었으면 좋겠어요.

2. [글잡이] 등장인물이 경험하는 사건이 바뀌면 이야기의 흐름도 바뀝니다. 그러면 그 뒷이야기가 어떻게 달라질지 생각하며 읽어야 합니

다.
(1) 예) 달달박박이 먼저 부처가 되었을 것이다.
(2) 예) 달달박박과 노힐부득은 부처가 되지 못하고, 오랜 세월 동안 깊은 산속에서 기도를 하고 있을 것이다.
(3) 예) 달달박박과 노힐부득은 부처가 되지 못했을 것이다. 특히 노힐부득은 여인의 부탁을 끝까지 들어주지 못한 것을 미안해하고 있을 것이다.

3. [글잡이] 글을 읽으면서 결말을 어떻게 바꿀지 생각해 봅니다. 결말을 바꿀 때에는 앞의 내용과 어울려야 하고, 결말이 바뀐 이유가 드러나야 하며, 자기만의 새로운 생각을 써야 합니다.
(1) 파리의 죄보다 참새의 죄가 더 무거우므로, 참새의 종아리를 매로 쳤다.
(2) 예) 파리는 음식을 더럽혀서 병균을 옮긴 죄가 크므로 끼니때마다 손발을 깨끗이 씻고 매일 검사를 받도록 하라. 참새 역시 곡식을 훔쳐 먹었으므로 죄가 크다. 그러나 벌레들도 잡아먹어 곡식이 튼튼하게 자라는 데 도움을 주었으므로 하루에 곡식을 세 알만 먹고, 나머지는 벌레들을 잡아먹어 배를 채우도록 하라!

▶ 생각을 펼쳐요 (35~36쪽)

1. [글잡이] 글의 일부분을 바꾸고 싶다면 앞의 내용과 어울리게, 바뀐 이유가 잘 드러나야 합니다.
(1) • 징거미의 성격 : 남의 것을 탐내고 부러워한다.
• 징거미의 바뀐 성격 : 예) 조용해서 자신의 생각을 잘 표현하지 못한다.
(2) • 징거미의 모습 : 게처럼 튼튼한 가위 다리와 딱딱한 등 갑옷을 입은 모습이 되었다.
• 바뀐 징거미의 모습 : 예) 게의 모습을 부러워만 할 뿐 징거미의 모습은 바뀌지 않았다.
(3) 징거미를 괴물이라고 생각하며 마을에서 쫓아냈다.
• 징거미에게 하고 싶은 말 : 예) "징거미야, 네가 게처럼 변했어도 우리 친구 맞지? 이제부터는 네가 우리들을 무서운 물고기에게서 지켜 줄 수 있겠구나."

2. [글잡이] 원래의 이야기를 바꿀 때에는 주인공의 성격, 처한 상황을 바꿀 수 있고, 또 주인공이 새로운 경험을 하게 할 수도 있습니다. 주인공의 생각이나 행동이 바뀌면 이야기의 흐름도 달라지고, 결말도 바뀝니다.

육하원칙

▶ 생각을 열어요 (38~39쪽)

1. [모범답안]
주희 : '안성 바우덕이 풍물 축제'를 알리기 위한 미니 풍물 축제장에서 친구들이 버나놀이를 하고 있다는 내용이야.
주희 : 인사동 남인사 마당이래.
성원 : 9월 12일이구나!

2. [모범답안]
• 인물(사람) : 누가
• 배경(시간, 공간) : 언제, 어디서
• 사건(일) : 무엇을, 어떻게, 왜

3. [모범답안]
누가 : 이종란 선생님과 1학년 4반 어린이들
언제 : 5월 23일
어디서 : 서울 중곡 초등학교 1학년 4반 교실에서
무엇을 : 밸리댄스를
어떻게 : 음악을 틀고, 허리를 돌리며, 엉덩이를 흔든다.
왜 : 공부하다 지루하거나 가라앉은 기분을 살리기 위해

▶ 생각을 키워요 (40~41쪽)

1. [모범답안]
• 첫 번째 사진 –
누가 : 선생님과 어린이
언제 : 목요일 방과후

어디서 : 교실에서
무엇을 : 종이나 가위를
어떻게 : 선생님 설명을 들으며, 가위로 종이를 오리며
왜 : 책을 만들기 위해
- 두 번째 사진 -
누가 : 여자 두 명
언제 : 화창한 봄날
어디서 : 마트에서
무엇을 : 버찌를
어떻게 : 버찌를 들고
왜 : 버찌를 고르기 위해

2. [모범답안]
누가 : 경기 연천 초성 초등학교 어린이와 학부모
언제 : 매주 토요일
어디서 : 가정에서
무엇을 : TV를

▶ 생각을 펼쳐요 (42~44쪽)

1. [글잡이] 사진을 보고 어떤 기사를 쓸 수 있을지 생각해 봅니다.
(실제 기사 내용)
누가 : 개가 새끼 호랑이에게 / 무엇을 : 젖을 / 어떻게 : 먹였다 / 왜 : 어미 호랑이에게 버림받아서
예) 제목 : 새끼 호랑이에게 젖 먹이는 어미 개
중국 산둥성 파오말링 야생동물원에서 어미 개 한 마리가 자기 새끼와 어미에게 버림받은 호랑이 새끼들에게 젖을 먹이고 있다.

2. [글잡이] 그림을 잘 보고 자신의 경험을 떠올려 육하원칙에 맞게 써 봅니다.
(1) 예) 누가 : 우리 반 / 언제 : 지난 금요일에 / 어디서 : 에버랜드에서 / 무엇을 : 놀이를 / 어떻게 : 신나게 / 왜 : 즐거운 소풍을 갔기 때문에
(2) 소풍 갔던 기억을 되살려 있었던 일들을 떠올려 봅니다.
예) 모여 앉아서 점심을 먹었다, 친구들과 술래잡기 놀이를 하였다, 장기 자랑으로 노래를 부르며 춤도 추었다 등.

3. [글잡이] 앞 쪽 (1)번에서 육하원칙에 따라 정리한 내용을 바탕으로 기사 형식에 맞게 써 봅니다.

의견 쓰기

▶ 생각을 열어요 (46~47쪽)

1. [모범답안]
저 / 저를, 키우시느라, 힘드시죠? / 제가 / 제가 / 걱정이시죠? / 믿어 주세요. / 올림

2. [모범답안]
(1) 선생님께서 편찮으셔서 오늘은 댁에서 쉬고 계신다.
(2) 교장 선생님께서 운동장에서 휴지를 줍는 아이들을 칭찬하신다.
(3) 재동아, 어머니께서 너보고 심부름하래.
(4) 할아버지, 저녁 진지 드세요.
(5) 우리 할머니의 연세가 어떻게 되는지 어머니께 여쭈어 보았다.

▶ 생각을 키워요 (48~49쪽)

1. [모범답안]
미정 : 눈을 뜨고 싶은 아버지의 간절한 소원을 들어주는 것이 효도이기 때문이다.
수호 : 눈 먼 아버지를 혼자 두고 죽은 것이 가장 큰 불효이기 때문이다.

2. [모범답안]
(1) 의견, 이유 / 나의 이유 : 예) 게임을 적게 하니까 게임을 더 하고 싶어져요.
(2) 이유, 의견 / 나의 이유 : 예) 한 줄로 서야 줄을 선 순서대로 화장실에 들어갈 수 있어요.
(3) 이유, 의견 / 나의 이유 : 예) 교실이 깨끗하면 공부도 더 잘 돼요.
(4) 의견, 이유 / 나의 이유 : 예) 책을 많이 읽으면 아는 것이 많아져서 공부에도 도움이 됩니다.

▶ 생각을 펼쳐요   (50~52쪽)

1. [모범답안]
⑴ 경찰관 아저씨
⑵ 학교 앞에 자동차 과속 방지턱을 설치해 달라는 것이다.
⑶ 신호등을 잘 지키지 않는 차들이 많아서 길을 건너기 무섭다. / 자동차 과속 방지턱이 있으면 자동차도 속도를 줄일 수밖에 없을 것이고, 사람도 안전하게 길을 다닐 수 있다.
⑷ 경찰관 아저씨께

날마다 우리의 안전과 질서를 지켜 주시느라 얼마나 수고가 많으세요. 또 추석에 집에도 가지 못하고 우리를 지켜 주시니, 힘이 드시겠어요. 우리 선생님께서는 아저씨들께 항상 감사하는 마음을 갖고 길에서 뵈면 '감사합니다.'라고 인사를 하라고 말씀하셨어요.

그런데 아저씨, 부탁드릴 말씀이 있어요. 우리 학교 앞에 자동차 과속 방지턱을 설치해 주셨으면 좋겠어요. 왜냐하면 신호등을 잘 지키지 않는 차들이 많은 것 같아서요. 초록 불인데도 쌩쌩 달려가는 차를 보면 무서워요. 자동차 과속 방지턱이 있으면 자동차도 속도를 줄일 것이고, 우리도 자동차를 보면서 안전하게 길을 건널 수 있을 것 같아요. 다음에 길에서 뵈면 꼭 감사하다고 말씀드릴게요.

2. [글잡이] 자유롭게 생각해 봅니다.
• 학교 선생님께
  예) 의견 : 쉬는 시간에는 운동장에 나가서 놀 수 있으면 좋겠어요.
  이유 : 쉬는 시간에도 조용히 말하고 조용히 앉아 있으니까 답답해요. / 어린이들은 많이 뛰어놀아야 건강해져요. / 운동장에서 놀아야 친구도 많이 사귀게 돼요.
• 아버지와 어머니께
  예) 의견 : 아버지, 일요일에는 등산을 해요.
  이유 : 등산을 한 지 오래되었어요. / 아버지께서는 운동을 안 하셔서 살이 쪘어요. / 산에 올라가면 기분이 좋아져요.

3. [글잡이] 2번에서 정리한 내용을 바탕으로 의견이 잘 드러날 수 있게 글을 써 봅니다.

토론하기

▶ 생각을 열어요 (54~55쪽)

1. [모범답안]
선의의 거짓말이 필요한가?

2. [모범답안]
수영. 주제와 관련이 없는 얘기를 했기 때문에.

3. [모범답안]
찬성 의견 : 지우와 수영
반대 의견 : 솔비와 영진
수영 : 좋은 뜻에서 한 말이니까 괜찮아.
영진 : 선의의 거짓말도 거짓말이야.

4. [글잡이] 토론 글을 보고 내 생각을 정리합니다.
주장 : 예) 선의의 거짓말은 필요하다.
근거 : 예) 서로 피해를 주지 않으면서 서로의 기분을 좋게 해 줄 수 있기 때문이다.

▶ 생각을 키워요 (56~57쪽)

1. [글잡이] 주장을 뒷받침하는 것이 바로 근거입니다.
⑴ 찬성 : 예) 내가 먹지 않고 남기면 음식을 버려야 하기 때문에 먹어야 한다.
⑵ 반대 : 예) 부모님의 잔소리를 듣고 무언가를 하다 보면 스스로 할 수 있는 힘이 없어지기 때문에 부모님이나 선생님의 잔소리는 필요하지 않다.

2. [글잡이] 다른 사람의 의견에 대해 반박할 수 있어야 설득할 수 있습니다.
⑴ 예) 도로에 차가 없다고 하더라도 언제 어디서 차가 나타날지 모르기 때문에 위험하다. 신호등은 우리 모두의 약속이다. 자기 마음대로 약속을 바꾼다면 아무도 약속을 지키지 않게 될 것이다.
⑵ 예) 아무리 다툼을 피하기 위한 것이라도 거짓말은 거짓말이다. 나중에 그것이 거짓말이라는 것을 알게 된다면 더 기분이 안 좋거나 다툼이 일어날 수도 있다.

▶ 생각을 펼쳐요 (58~60쪽)

1. [글잡이] 친구들의 주장을 보고, 내 주장을 펼쳐 봅니다.
   예) 친구들과 과자를 나누어 먹으면서 더 친해질 수 있다.
2. [글잡이] 주장들을 보고 토론 주제로 적당한 것이 무엇인지 생각해 봅니다.
   예) 토론 주제 : 기념일에 선물을 주는 것이 좋을까?
3. [글잡이] 토론을 할 때에는 토론 준비표를 만들어 두는 것이 좋습니다.
   - 찬성 주장과 근거 : 예) ① 평소에 친하게 지내고 싶었던 친구와 친구가 될 수 있다. ② 친구들과 더 친해질 수 있다. ③ 친구를 생각하는 자신의 마음을 전할 수 있다 등.
   - 반대 주장과 근거 : 예) ① 과자를 사느라 용돈을 낭비할 수 있다. ② 선물을 받지 못한 친구들은 기분이 나쁠 것이다. ③ 기념일을 정한 것도 과자를 팔려는 사람들의 상술일 뿐 기념일에는 아무 의미가 없다.
4. [글잡이] 내 주장이 잘 드러나는 글을 쓰기 위해서는 찬성과 반대 의견, 그 근거 등을 알아야 합니다.
   예) 제목 : 신호등은 모두의 약속
   고장 난 신호등이라 하더라도 꼭 지켜야 한다고 생각한다. 횡단보도의 신호등은 도로의 자동차로부터 우리를 안전하게 지켜 주는 역할을 한다. 우리는 횡단보도의 신호등이 고장 났다는 것을 알고 있다 하더라도 달려오는 차는 모를 수도 있다. 그렇게 된다면 큰 사고가 날 수도 있다.
   신호등과 같은 교통 규칙은 우리의 안전을 지키기 위한 약속이다. 신호등이 고장 났다고 해서 지키지 않는다면, 우리 모두의 약속이 깨지게 되고 교통사고가 나는 등 교통 질서가 어지러워질 것이다. 이럴 때에는 가까운 다른 횡단보도를 이용하고, 신호등이 고장 난 것을 어른들에게 알려서 빨리 고칠 수 있게 하는 것이 좋다.

보고 쓰기

▶ 생각을 열어요   (62~63쪽)

1. [모범답안]
   (1) 홍주
   (2) 견학 기록문을 쓸 때에는 견학한 곳의 정보와 자신의 느낌이 고루 드러나야 해.
2. [모범답안]
   (1) 견학한 곳이나 시간
   (2) 누가·언제·어디로·어떻게·왜 견학을 갔는지
   (3) 사진이나 자료
   (4) 견학 계획
   (5) 의견
3. [글잡이] 견학했던 장소를 〈보기〉에서 골라 써 봅니다. 그밖에 어떤 장소가 있는지도 생각해 봅니다.

▶ 생각을 키워요   (64~65쪽)

1. [글잡이] 다른 친구가 쓴 견학 기록문입니다. 어떤 내용으로 시작했는지, 어떤 순서로 썼는지, 무슨 내용이 들어가는지 주의해서 읽어 봅니다.
   (1) 견학 목적, 견학 날짜, 견학 장소, 같이 간 사람, 견학지에 갈 때 있었던 일과 느낌.
   (2) 2문단에서 6문단까지.
   (3) ① 근정전 ② 경회루 ③ 향원정
       ㉠ 신기하고 놀랍다. ㉡ 잔치를 한 곳 ㉢ 사진을 찍었다. ㉣ 나비, 연꽃 등을 탁본했다. ㉤ 담 벽이 아름답다 등.
   (4) 7문단 : 경복궁을 한 번에 모두 볼 수 있다는 생각은 하지 않는 것이 좋겠다. / 덥지도 춥지도 않은 날에 다시 오면 좋겠다.

▶ 생각을 펼쳐요   (66~68쪽)

1. [글잡이]
   (1) 예) 지난 1월 가족과 함께 신라의 문화를 체험하기 위해 경주에 다녀왔다.
   (2) 예) 가기 전에 경주에서 유명한 문화재인 불국사와 석굴암, 문무대왕릉에 대해 미리 공부하였다. 불국사는 신라 법흥왕 때 세워져 574년 진흥왕의 어머니인 지소 부인이 절을 크게 중건하였다고 한다.
   (3) 예) 갈 때는 기차를 타고 갔는데 처음 가 본 서울역은 크고 멋있었다. 기차 안에서 게임도 하고 김밥도 먹으며 즐겁게 시간을 보냈다.
   (4) 예) 첫째 날, 박물관 → 대릉원 → 둘째 날, 문무대왕릉 → 셋째 날, 불국사 → 석굴암
   (5) 예) 책에서만 보았던 신라의 역사를 실제로 보

았을 때 웅장함과 아름다움에 놀랐다. 우리나라에도 이렇게 발달한 아름다운 문화가 있어서 자랑스러웠다.

2. [글잡이] 견학 장소에 따라 보고, 듣고, 느낀 점을 자세히 정리해 봅니다.

3. [글잡이] 1번과 2번에서 정리한 내용을 바탕으로 견학 기록문을 완성해 봅니다.

감상 쓰기

▶ 생각을 열어요   (70~71쪽)

1. [모범답안]

가운데, 처음, 끝
- 처   음 : – 주인공 또는 등장인물의 소개
           – 책을 처음 접했을 때의 느낌
           – 간단한 책의 내용 소개
- 가운데 : – 새로 알게 된 사실과 그에 대한 느낌과 생각
           – 기억에 남는 장면에 대한 느낌과 생각
           – 줄거리와 느낌, 생각
           – 등장인물의 행동에 대한 내 느낌과 생각
- 끝 : – 책을 읽고 난 뒤의 전체적인 느낌
       – 마무리하는 생각

2. [모범답안]

(1) 처음 : 〈책 씻는 날〉의 몽당이에게 ~ 너를 알게 되었어.

   가운데 : 몽당아, 너는 어떻게 최선을 ~ 끝을 끝을 볼 때까지 하고 싶어.

   끝 : 나도 너처럼 ~ 안녕! 잘 가!

(2) <u>너무 부러워.</u> / 힘들지는 않니? / <u>나는 힘들면 바로 포기하거든.</u> / 인상적이야. / <u>나는 너를 보고 너처럼 계속해서 깨우치거나 끝을 볼 때까지 하고 싶어졌어.</u> / 나도 너처럼 되도록 반드시 노력할 거야! 나도 이제 할 말은 다했어.

(3) 〈책 씻는 날〉

(4) 주호가 몽당이에게

▶ 생각을 키워요   (72~74쪽)

1. [글잡이]

(1) 주인공 또는 등장인물 소개, 책을 처음 접했을 때의 느낌, 간단한 책의 내용을 소개합니다.

(2) ⑤, ⑥, ①, ③

2. [글잡이]

(1) 놀랐다. / 자랑스럽다. / 싫어했는데. / 맛있다는 / 먹어 / 신기한

(2) 예) 심청이는 불쌍하다. 왜냐하면 엄마가 일찍 돌아가셔서. / 심청이는 착하다. 왜냐하면 아버지를 돌보아서. / 심청이는 용감하다. 왜냐하면 아버지를 위해 바다에 뛰어들어서. / 심청이는 효녀다. 왜냐하면 아버지의 눈을 뜨게 하려고 노력했기 때문에.

3. [모범답안]

(1) ○   (2) ×   (3) ×

▶ 생각을 펼쳐요   (75~76쪽)

1. [글잡이]

(1) • 처   음 : 사람이 짐승 말을 알아듣다니 신기하다. / 귀똑똑이는 부모님이 계시지 않아 불쌍하다.

   • 가운데 : 귀똑똑이는 임금님 딸의 노리개를 찾아 돌아다녔고, 마침내 임금이 되어서 기뻤다.

   • 끝 : 짐승 말을 알아들으니, 어려운 사람을 도와줄 수 있어 부럽다.

(2) 예쁜 글씨로 자신의 생각과 느낌을 많이 담아 차분하게 써 보세요.

2. [글잡이] 독서 감상문은 단순히 책의 내용을 정리하여 쓰는 글이 아닙니다. 무엇보다 자신의 생각을 담는 일이 더 중요합니다. 자신의 생각과 느낌을 내용과 잘 어울리게 표현해 봅니다.

글쓰기 논술 쓰마⁺ 2단계-2

이 책의 특징

1. 생각을 열어 준다!

글쓰기는 생각을 여는 데서 시작합니다. 어린이가 닫힌 생각을 스스로 열고 글쓰기에 대한 두려움을 떨치게끔, 예시를 통해 학습 목표에 차근차근 다가가도록 구성하였습니다.

2. 생각을 키워 준다!

생각을 키우는 가장 좋은 방법 중 하나는 여러 가지 종류의 다양한 글을 읽고, 느끼고, 생각하는 것입니다. 《글쓰기 논술 쓰마》는 초등 교과 과정에 맞는 다양한 예문과 마인드맵 등을 통해 생각이 자라게끔 꾸몄습니다.

3. 생각을 펼쳐 준다!

나만의 글쓰기를 하려면 생각을 잘 정리해야 합니다. 생각을 열고(도입과 기초), 생각을 키우고(발전), 생각을 펼치는(심화)과정을 거치면서 자연스럽게 생각이 정리되고 마음껏 글로 펼쳐 쓸 수 있습니다.

4. 생각을 다져 준다!

총 3단계 7과정으로 구성된 《글쓰기 논술 쓰마》는 어린이의 글쓰기 개별 능력에 따라 학습이 이루어지도록 꾸민 체계적인 교재입니다. 학습 능력 단계에 맞춰 과정을 밟으면 생각이 다져지고 아울러 글을 쓰는 힘이 쑥쑥 길러집니다.

5. 생각을 쓰게 한다!

글을 잘 쓰려면 많이 써 봐야 합니다. 그래야 자신감을 가지고 글을 쓸 수 있습니다. 《글쓰기 논술 쓰마》는 글 쓰는 지면을 많이 둔 글쓰기 중심 교재입니다.

차례

비교 쓰기	5
표현 쓰기(동시)	13
겪은 일 쓰기	21
상상 쓰기	29
육하원칙	37
의견 쓰기	45
토론하기	53
보고 쓰기	61
감상 쓰기	69
쓰마와 꼭 알아야 할 **옛속담 바꾸기**	77
생각 동화 **곰 아저씨의 옹달샘**	78
쓰마랑 함께하는 **사전 이용법**	80

비교 쓰기

공통점과 차이점 찾기는 서로 닮은 점이 있는 두 개 이상의 대상을 비교하는 것입니다. 같은 것은 공통점으로, 다른 것은 차이점으로 정리할 수 있답니다. 공통점과 차이점을 찾으면 대상을 자세하게 알 수 있어요.

학습 목표
1. 서로 비슷한 것을 찾을 수 있다.
2. 공통점과 차이점을 나누는 기준을 정할 수 있다.
3. 기준에 따라 공통점과 차이점을 찾아 글로 쓸 수 있다.

서로 같으면서도 달라요

1 다음 그림들을 보고, 묶을 수 있는 것끼리 줄을 그어 보세요.

아파트 / 축구공 / 나비 / 케이크 / 시루떡 / 벌집 / 야구공 / 나방

2 서로 닮아서 묶을 수 있는 것들을 떠올려 보세요. 신문과 텔레비전, 양초와 전등, 풍차와 바람개비, 바다와 호수. 무엇이 더 있을까요?

 '선생님과 피아노', '책과 고래', '과자와 전화기'처럼 닮은 점이 없는 것은 공통점과 차이점을 찾는 대상으로 적당하지 않습니다.

Tip 기준을 정하지 않으면?

연필과 샤프를 비교해 볼까요? '연필은 칼로 깎아서 써야 하고, 샤프는 예쁜 것이 많다.'고 하면 어색하지요? 이때 기준을 '사용법'으로 하여 '연필은 칼로 깎아서 써야 하지만, 샤프는 눌러서 쓴다.'고 해야 자연스럽답니다.

3 각각 두 개의 사물을 비교해 보았어요. 공통점과 차이점에 대한 기준을 찾아보세요.

비교 대상	공통점과 차이점	기준
(비행기)	둘 다 교통수단입니다.	쓰임새
(기차)	비행기는 하늘, 기차는 땅 위로 다닙니다.	다니는 곳
(사과)	둘 다 과일입니다.	①
	둥글게 생겼습니다.	②
(귤)	사과는 초록색이고, 귤은 주황색입니다.	③
(붓)	둘 다 길쭉한 나무로 만들었습니다.	④
	둘 다 글을 쓰는 데 필요합니다.	⑤
(연필)	붓 끝에는 털이 있고, 연필 끝에는 심이 있습니다.	⑥

공통점과 차이점을 찾아 빈칸을 매워요

스케이트와 인라인 스케이트의 특징을 살펴보세요. 기준을 정해서 공통점과 차이점으로 나누어 볼까요?

발에 신고 탄다.
날카로운 금속 날이 달려 있다.
얼음 위에서 탄다.
브레이크가 없다.

발에 신고 탄다.
고무로 된 바퀴가 달려 있다.
평평한 곳에서는 어디서나 탈 수 있다.
브레이크가 있다.

		스케이트	인라인 스케이트
공통점	쓰임	①	
차이점	밑창	날카로운 금속 날	②
	타는 곳	③	④
	브레이크	없다	있다

Tip 비교한 것을 글로 옮길 때

- 특징을 찾아서 써야 해요.
- 기준에 따라 써야 해요.
- 공통점을 먼저 쓰고 차이점을 쓰는 것이 좋아요.

2 표에서 정리한 내용을 바탕으로 하여 공통점과 차이점이 드러나게 쓴 글입니다. 빈칸을 채워 보세요.

제목 : 스케이트와 인라인 스케이트

스케이트와 인라인 스케이트는 공통점과 차이점이 있습니다.

공통점은 ① _____

차이점은 신발의 밑창에 스케이트는 ② _____ 이 붙어

있어서 ③ _____ 에서만 탈 수 있지만,

인라인 스케이트는 ④ _____ 달려 있어서 평평한

바닥만 있으면 어느 곳에서나 탈 수 있습니다.

그래서 ⑤ _____ 에서 아이들이 많이 탑니다.

또 스케이트는 ⑥ _____ 가 없지만, 인라인 스케이트는

브레이크가 있어서 스케이트보다는 안전하게 탈 수 있습니다.

기준에 따라 공통점과 차이점을 찾아요

▎ 신문과 텔레비전의 공통점과 차이점에 대해 읽어 보고, 기준에 따라 정리해 보세요.

제목 : 신문과 텔레비전

　신문과 텔레비전은 우리 생활에서 많이 이용되고 있다. 이 두 가지의 공통점과 차이점을 알아보자.

　신문과 텔레비전의 공통점은 많은 사람들에게 여러 종류의 정보를 알려 주는 것이다. 신문에는 정치, 경제, 사회, 문화 소식에서부터 만화, 이야기 등의 오락과 광고까지 세상을 살아가는 데 필요한 정보가 담겨 있다. 텔레비전도 그렇다. 그래서 사람들은 신문과 텔레비전을 통해 새로운 정보를 얻을 수 있다.

　신문은 글자와 사진으로, 텔레비전은 말과 화면으로 정보를 전달한다. 또 신문은 하루에 한 번씩 종이로 나오기 때문에 빠르고 생생한 소식을 전하기 어렵지만, 텔레비전은 시간마다 화면으로 정보를 빠르고 생생하게 알려 준다. 또 신문은 글자로 되어 있어서 정보를 오래 보존하고, 자세하게 설명되어 있다. 그러나 텔레비전은 화면과 말이 빨리 지나가므로 저장하기가 어렵다. 또 신문은 언제, 어디서나 들고 다니면서 볼 수 있지만 텔레비전은 그렇지 않다.

　이처럼 신문과 텔레비전은 각각 공통점과 차이점이 있다.

(1) 공통점

　• 하는 일 : _____

(2) 차이점

　• 소식을 전하는 방법 : _____

　• 속도 : _____

Tip 기준에는 어떤 것이 있을까?

• 기준에는 색깔, 모양, 크기, 재료, 쓰임, 맛, 사용 방법, 무게, 장소 등이 있어요.
• 여기에 사물의 특성에 따라 기준이 더해지기도 해요.

2 축구공과 닮은 대상을 찾아 공통점과 차이점을 차근차근 찾아보세요.

(1) 비교 대상을 무엇으로 정하였나요?

----

(2) 기준을 정하여 대상의 특징을 공통점과 차이점으로 나누어 정리해 보세요.

기준	공통점
쓰임새	

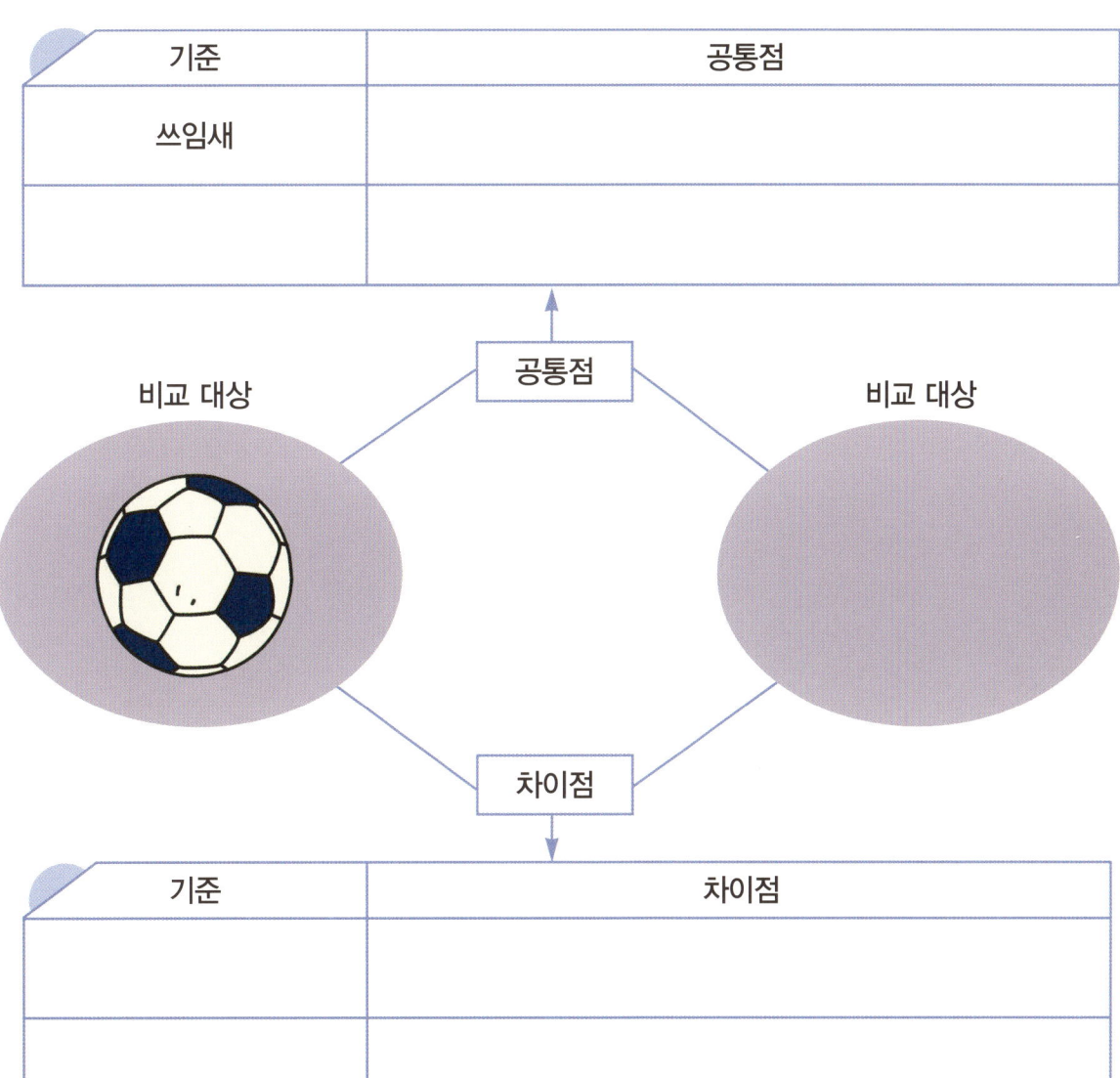

기준	차이점

Tip 체험 쓰기

- 직접 경험한 일이므로 자세히 써요.
- 새로 알게 된 사실과 생각을 함께 써요.
- 체험한 내용을 순서대로 써요.

3 앞에서 정리한 내용을 바탕으로 공통점과 차이점이 잘 드러나게 글을 써 보세요.

제목 :

 글을 쓰고 나서……
기준에 ○를 해 보세요. 공통점에는 빨간색, 차이점에는 파란색으로 밑줄을 그어 보세요.

표현 쓰기(동시)

동시는 노래하듯이 쓴 글을 말해요. 생활 주변에서 본 것이나 들은 것을 그림을 그리듯이 표현한 글이지요. 또 느끼거나 생각한 것들에 대해서도 여러분의 마음을 담아 노래하듯이 자유롭게 표현한 글이기도 해요. 그렇지만 일반적인 글보다는 길이나 내용을 짧게 줄여서 나타낸 글을 말한답니다.

학습 목표
1. 내 주변에서 동시의 글감을 찾을 수 있다.
2. 흉내 내는 말과 비유하는 말을 알 수 있다.
3. 있었던 일을 동시로 쓸 수 있다.

글감을 찾아보아요

아래 동시들은 무엇에 대해 쓴 것일까요? 그 무엇을 바로 '글감'이라고 합니다.
글감이 곧 동시의 제목이 되기도 하지요. 동시를 읽고 제목을 지어 보세요.

김용택

겨울은 봄바람이
세상에서 제일 무섭고요
봄은 세상에서 매미 소리가
제일 무섭대요

여름은 귀뚜라미 소리가
제일 무섭고요
가을 햇살은 눈송이가
세상에서 제일 무섭대요

정두리

회초리를 들었지만 차마 못 때리신다
아픈 매보다 더 무서운
무서운 목소리보다 더 무서운
어머니의 눈물이 손등에 떨어진다
어머니의 굵은 눈물에 내가 젖는다.

이혜영

무엇이든
혼자 할 수 있어.

무슨 일이든
잘할 수 있어.

다 자랐다 으쓱댈수록

잊지 말아라
넌 엄마와 한몸이었다.

깊어지는
배꼽.

이천만

꽃 씨알 속에
하늘

한 꺼풀 밑에
초록 봄

꽃씨 안에
나비의 입김

한 꺼풀 벗기고 나면
뜨고 있는 눈

꽃씨 안에
여울

Tip 글감이란?

- 동시를 쓸 때 제일 먼저 무엇에 대해서 쓸지 고민을 하게 되지요. 그 무엇을 '글감'이라고 해요.
- 동시를 쓰려면 우선 글감을 찾아야 합니다. 여러분들이 본 것, 들은 것, 관찰하거나 생각한 모든 것들이 글감이 될 수 있어요.

 〈보기〉에 있는 글감들을 아래 네 가지로 분류해서 써 보세요. 여러분이 찾은 글감도 더 채워서 쓰세요.

> **보기**
> 봄, 학원, 선생님, 시험, 친구, 시간표, 엄마, 인형, 공부, 책, 소풍, 방학, 동생, 우리 집, 할머니, 무지개, 운동장, 숨바꼭질, 코끼리, 영어

사람

물건이나 장소

자연

기타

생각을 키워요 — 흉내 내는 말을 알아보아요

소리나 모양을 표현하는 말을 '흉내 내는 말'이라고 합니다. 흉내 내는 말을 담으면 시의 느낌이 살아나지요. 그림 속의 흉내말을 찾아볼까요?

(1) 위의 그림은 교실에서 쉬는 시간의 모습이에요. 쉬는 시간, 교실에서는 어떤 소리가 들릴까요?

(2) 동물들이 한 자리에 모여 있어요. 위에 있는 동물들의 움직이는 모습을 흉내말로 표현해 보세요.

Tip 흉내 내는 말의 종류

- 흉내 내는 말에는 소리 흉내말과 모양 흉내말이 있어요.
- 소리 흉내말(의성어)은 귀로 들을 수 있는 소리를 표현한 말입니다. 쌩쌩, 덜컹덜컹 등.
- 모양 흉내말(의태어)은 움직일 때의 모습을 표현한 말입니다. 흔들흔들, 살랑살랑 등.

2 '청개구리 아이들'이라는 시에 흉내말이 빠져 있어요. 어울리는 흉내말을 〈보기〉에서 골라 써 보세요.

청개구리 아이들

박신식

"병아리!" 하면
꼬꼬댁 꼬꼬
"거북이!" 하면
_____
"강아지!" 하면
_____ 소리 내다가도

"천사!" 하면
_____ 날갯짓하며
미소 짓는

청개구리 아이들

"오른팔 드세요!" 하면
왼팔을 힘차게
"웃어 보세요!" 하면
눈 비비며
"가만히 앉아요!" 하면
엉덩이를 들썩이다가도

"사탕 줄게요!" 하면
손바닥 내밀며
_____ 눈웃음 짓는

청개구리 아이들

 보기
나풀나풀, 번쩍, 생글생글, 야옹야옹, 방긋방긋, 깡충깡충, 엉금엉금, 방글방글

비유하는 말을 배워요

비유하는 말을 담아 볼까요? 시를 쓸 때 가장 많이 사용하는 방법입니다.

무엇	느낌	~처럼	비유하기
단풍	빨갛다	처럼	단풍은 _____ 처럼 빨갛다. (색깔)
사과	둥글다	처럼	사과는 _____ 처럼 둥글다. (모양)

무엇	느낌	~처럼	비유하기
바다	파랗다	처럼	바다는 _____ 처럼 파랗다. (색깔)
하늘	높다	처럼	하늘은 _____ 처럼 높다. (모양)

솜사탕은 _____ 처럼 _____

솜사탕은 _____ 처럼 _____

Tip 비유하는 말이란?

- 표현하려는 사물을 다른 사물에 견주어 나타내는 방법을 비유라고 해요.
- 여러분이 나타내고자 하는 사물을 그것과 비슷한 성질, 모습을 지닌 사물에 견주어 나타내어 보세요. '얼음처럼 차갑다', '눈처럼 하얗다' 처럼요.

2 다음 동시를 읽고, 빈칸에 어울리는 말을 〈보기〉에서 골라 써 넣으세요.

내가 _____ 꽃처럼 조그마했을 때

이준관

내가 _____ 꽃처럼 조그마했을 때
꽃밭이 내 집이었지.
내가 _____ 처럼 가앙가앙 돌아다니기 시작했을 때
마당이 내 집이었지.
내가 _____ 처럼 경중경중 뛰어다녔을 때
푸른 들판이 내집이었지.
내가 _____ 처럼 은빛 날개를 가졌을 때
파란 하늘이 내 집이었지.

내가 내가
아주 어렸을 때,

내 집은 많았지.
나를 키워 준 집은 차암 많았지.

 안개꽃, 고양이, 매미, 강아지, 송아지, 잠자리, 다람쥐, 채송화

Tip 글 다듬기

- 동시를 썼으면, 이제 마지막 손질을 해야 해요.
- 앞에서 배운 것처럼, 소리나 모양을 나타내는 흉내 내는 말과 '~처럼' 이라는 비유도 넣었나요? 그리고 여러분의 느낌을 나타내는 말도 넣었나요?

3 그림을 보고 아래의 물음에 답을 써 보세요. 여러분이 쓴 답을 함께 모아 동시를 쓸 수 있어요.

(1) 무엇을 하고 있는 그림인가요?

(2) 흉내말(소리와 모양)도 써 보세요.

(3) 비유하는 말도 담아 보세요.

(4) 생각과 느낌도 적어 보세요.

(5) 여러분이 적은 것들을 한데 엮어서 한 편의 동시를 써 보세요.

겪은 일 쓰기

생활문은 일정한 형식 없이 자유롭게 쓰는 글입니다. 하루하루를 생활하면서 보고, 듣고, 직접 겪은 일을 자신의 느낌과 생각을 담아서 표현해요. 넓게는 일기, 편지, 기행문, 감상문 등이 모두 생활문이라고 할 수 있어요.

학습 목표
1. 생활문 쓰는 순서와 방법을 알 수 있다.
2. 있었던 일을 생활문으로 쓸 수 있다.

글감을 정해 대화 글을 넣어 써요

> 먼저 생활문을 쓰는 순서를 간단히 살펴봅니다. 각 순서마다 어떻게 써야하는지도 차례로 알아보아요.

> 무엇을 쓸지 생각하고 씁니다. 글의 바탕을 이루고 있는 이야깃거리를 '글감'이라고해요. 여러분의 모든 생활이 '글감'이 될 수 있어요. 다음글의 '글감'은 무엇인가요?

우리 식구는 6년 동안 정들었던 2동 906호에서 10동 404호로 이사를 갔다. 더 큰 집으로 이사 가서 좋기는 하지만 2동 906호는 어렸을 적부터 살아서 모든 것이 편하고 좋았다.

3학년 최성원

(1) 글감 : _____

학교에서 나오면 항상 호박엿을 파는 모습이 보인다. 우리 반 아이들은 나처럼 호박엿을 좋아한다. 나는 너무 먹고 싶어 몇 번 사 먹었다. 그런데 엄마는 불량 식품이라고 사 먹지 말라고 하신다.

3학년 이주희

(2) 글감 : _____

Tip 글감 고르기

- 가장 기억에 남는 일을 고릅니다.
- 글감은 한 가지만 고릅니다.

2 알맞은 대화글을 넣어서 씁니다. 대화글을 알맞게 넣어 쓰면 쉽게 읽히고, 지루하지 않아요. 또 소리 내어서 읽는다면 마치 드라마나 연극 같은 느낌을 줍니다.

(1) 아래의 글을 대화글로 바꾸어 보세요.

> 돌쇠가 숲길을 걷고 있을 때 이상한 놈이 뛰어나와 살려 달라고 했다. 돌쇠는 깜짝 놀라서 누구냐고 물었다. 그러자 그 짐승은 자신의 이름이 산오뚝이라고 했다. 돌쇠는 거짓말이라고 소리를 질렀다.
>
> 〈황소와 도깨비〉 이상, 다림

돌쇠가 숲길을 걷고 있을 때 이상한 놈이 뛰어나와,
"아저씨, 제발 살려 주세요!"라고 말했다. 돌쇠는
"_____"
그러자 그 짐승은
"_____"
돌쇠는
"_____"
하며 소리를 질렀다.

(2) 아래 친구의 글에서 대화글로 고쳐야 할 부분에 밑줄을 치고 대화글로 바꾸어 보세요.

> 지난주 금요일에 가족들과 함께 청계산에 갔다. 산꼭대기가 너무 높았다. 그리고 올라갈 때는 땅이 비에 젖어서 질퍽질퍽하고 많이 미끄러웠다. 그래서 너무 힘들다고 했더니 엄마는 조금만 힘내고 올라가면 아이스크림을 사 주시겠다고 했다. 우리가 올라갈 때 아저씨 아주머니께서 장하다, 잘 올라간다, 조금만 가면 된다는 말들이 우리에게 힘을 주었다. 그런 말들을 들으니 뿌듯하였다.
>
> 3학년 하동은

생각을 키워요 — 자세하게 느낌과 생각을 살려 써요

| 자세하게 씁니다. 모든 글은 읽는 사람들에게 쓴 사람의 이야기나 생각을 전달합니다. 그래서 읽는 사람들이 잘 이해할 수 있도록 자세히 써야 해요.

(1) 어느 쪽의 글이 더 자세한가요?

간식	맛있는 간식
오늘 간식으로는 빵과 우유를 먹었다. 내가 좋아하는 빵이라서 맛있게 먹었다.	엄마가 낮에 간식으로 빵과 우유를 주셨다. 빵은 내가 좋아하는 단팥빵이었고, 우유도 초콜릿 맛이라서 정말 맛있게 먹었다.

(2) 아래 그림은 무엇일까요? 빵입니다. 빵이라고만 말하기에는 모양이 특별합니다. 이 빵을 보지 못한 친구에게 소개하듯 자세히 써 보세요.

　엄마가 간식으로 먹을 빵을 사 오셨다. 그런데 모양이 너무 재미있게 생겼다. 처음에는 정말 _____ 인 줄 알았다.
　색깔이 _____ 않고 초록색이었다면 모두 속을 정도로 똑같았다. _____ 빵처럼 울퉁불퉁한 등에는 _____ 색의 설탕이 덮여 있었다. 무엇보다 _____ 얼굴 모양이 진짜 귀여운 거북이 얼굴 같았다.
　손과 발도 노릇노릇한 빛깔이었고 진짜 거북이처럼 _____ 꼬리도 재미있었다.

Tip 느낌과 생각을 표현하는 낱말들

따뜻하다, 멋있다, 반갑다, 겁난다, 두렵다, 부끄럽다, 부럽다, 분하다, 산뜻하다, 상쾌하다, 설렌다, 섬뜩하다, 섭섭하다, 신난다, 아름답다, 자랑스럽다, 우울하다, 홀가분하다 등.

2 자신의 느낌과 생각을 담아서 씁니다. 생활문에는 느낌과 생각이 꼭 있어야 해요. 느낌과 생각을 표현하는 낱말에는 어떤 낱말들이 있을까요?

(1) 아래 친구의 글에서 느낌이나 생각을 표현한 낱말에 밑줄을 그어 보세요.

> 할아버지와 할머니께서 오랜만에 집에 오셨다. 어머니께서 만들어 주신 맛있는 저녁 식사를 한 뒤에 할머니, 할아버지와 함께 윷놀이를 하였다. 네 판을 계속해서 꼴찌를 하신 할머니께서는 화가 나셔서 앞으로는 윷놀이를 하지 않겠다고 말씀하셨다. 오랜만에 할머니, 할아버지와 함께 신나게 윷놀이를 해서 즐거웠다. 다음에 또 오시면 할머니에게 한 판을 져 드려야겠다.
>
> 3학년 홍주영

(2) 다음 글을 읽고, 생각과 느낌이 담긴 말을 〈보기〉에서 골라 어울리게 써 넣으세요.

보기

무섭다, 고맙다, 나쁘다, 슬프다, 속상하다, 싫다, 좋다, 기쁘다

> 어제도 비가 오고 오늘 아침에도 비가 왔다. 뉴스를 보았다. 지하철은 물에 잠기고, 산도 무너지고, 집도 흙에 파묻히고 사람이 죽고, 사람이 빗물에 떠내려갔다. 바람과 비는 _____ 비는 _____ 때도 있지만 사람에게 피해를 주어 _____ 하다. 어제 저녁에도 비가 많이 오고 바람이 불어서 동생과 나는 _____ 금방 창문이 깨질 것 같았다. 하지만 오늘은 비만 오고 바람이 불지 않아서 _____ 않았다.
>
> 3학년 조경섭

생활문을 써 보아요

다음 글을 읽고, 물음에 알맞은 답을 찾아보면 글을 쓰기가 쉬워질 거예요.

제목 : _____

　우리 가족은 양평에 있는 바탕골에 갔다. 우리 가족은 컵을 만들려고 흙을 가져다가 열심히 만졌더니, 말랑말랑하고 부드러워졌다. 드디어 컵이 완성!

　컵에다 여러 가지 무늬 도장을 찍자 훌륭하고 멋있는 나만의 컵이 만들어졌다. 하지만 오늘은 가져가지 못한다고 해서 굉장히 섭섭했다. 컵을 잘 말려서 나중에 줄게라고 선생님께서 말씀하셨다. 밖으로 나와서 나무가 지글지글 타는 곳에서 군고구마를 먹었다. 야외에서 음악이 나오는 판타지 영화를 상영한다고 했는데, 우리 가족은 보지 않았다.

　미술관에 전시된 그림과 조각 중에는 내가 이해할 수 없는 것들이 많았다. 아빠와 엄마는 네가 보면서 느끼고 생각나는 것을 마음속으로 생각하다 보면 알 수 있어라고 하셨지만, 나는 아직도 어른들이 만든 그림이나 조각들은 이해할 수가 없다. 어른들의 생각은 참 어렵다.

3학년 박지은

---

(1) 무엇에 대해서 쓴 글인가요?

_____

(2) 대화글로 바꾸어야 할 곳에 큰따옴표를 넣으세요.

_____

(3) 친구의 느낌이나 생각이 담긴 부분을 찾아 밑줄을 그어 보세요.

_____

(4) 글에 어울리는 제목도 붙여 볼까요?

_____

Tip 생활문을 잘 쓰려면?

- 실제 있었던 일을 자세하게 써요.
- 쓰려는 이야기에 대해 솔직한 생각과 느낌을 담아요.

2 다음 사진을 보고 물음에 답해 보세요. 여러분이 쓴 답을 모으면 생활문을 쉽게 쓸 수 있어요.

〈동네 놀이터에서〉

(1) 어린이들은 어디에서 무엇을 하고 있나요?

　

(2) 어떤 말이 오고 갔을까요?

　

(3) 위 사진 속 놀이터에서 있었던 일을 자세히 써 보세요.

　

(4) 놀이터에서 놀았을 때 느꼈거나 생각했던 것들도 써 보세요.

　

(5) 제목도 정해 보세요.

Tip  글 다듬기

- 다 썼으면 한번 읽어 보세요. 앞에서 알게 된 것들이 빠지지 않았나요?
  여러분의 생각과 느낌은 들어갔나요?
- 그림을 보듯 자세하게 썼는지 다시 한 번 확인해요.

3. 앞 쪽의 사진을 다시 보고, 여러분의 경험을 떠올리면서 멋진 생활문을 써 보세요.

글감 : 놀이터

제목 :

상상 쓰기

이야기를 바꾸어 쓸 때에는 주인공을 바꾸어 쓸 수도 있고, 사건을 바꾸어 쓸 수도 있고, 또 결말을 새롭게 꾸며 쓸 수도 있어요. 이야기 바꾸어 쓰기를 하면 이야기의 재미를 더할 수 있고, 이야기를 새로운 관점에서 이해할 수도 있어요.

학습 목표
1. 두 이야기의 공통점과 차이점을 찾을 수 있다.
2. 주인공을 바꾸어 쓸 수 있다.
3. 사건을 바꾸어 쓸 수 있다.
4. 결말을 바꾸어 쓸 수 있다.

생각을 열어요 — 이야기를 비교해 보세요

1. 〈친구야, 같이 가〉 내용에 알맞게 아래 그림을 순서대로 번호를 써 주세요.

( ) → ( ) → ( ) → ( ) → ( )

❶

❷

❸

❹

❺

〈글자 없는 그림책 3권〉 신혜원, 사계절

Tip 이야기의 흐름 찾기

① 앞의 이야기에 나오는 등장인물들의 행동을 잘 살펴봅니다.
② 앞의 내용 다음에 어떤 일이 일어날지 여러 가지를 생각합니다.
③ 앞뒤 이야기를 원인과 결과에 따라 순서를 정합니다.

2 앞 쪽의 이야기 〈친구야, 같이 가〉와 〈토끼와 거북이〉를 비교하여 보세요.

(1) 〈친구야, 같이 가〉에서 가장 빨리 목적지에 도착하는 동물은 누구이며, 그 이유는 무엇인가요?

------

(2) 〈토끼와 거북이〉에서 거북이가 경주에서 이긴 이유는 무엇인가요?

------

(3) 두 이야기의 같은 점과 다른 점을 찾아보세요.

------

(4) 〈친구야, 같이 가〉와 〈토끼와 거북이〉 중에 하나를 골라 뒷이야기를 써 보세요.

주인공, 사건, 결말을 바꿔 보아요

〈왕비가 들려주는 백설 공주의 또 다른 이야기〉를 생각하며 아래 글을 읽어 보세요.

> 안녕, 나는 백설 공주의 엄마란다. 물론 친엄마는 아니지만 너희들이 알고 있는 것처럼 나쁜 엄마가 아니야. 나의 얘기를 들어 주겠니?
> 아주 먼 나라의 공주였던 나는 어렸을 때부터 외모에 관심이 많았어. 그러다 보니 공주 수업을 게을리 하게 되었지. 그런 나를 마땅치 않게 여기던 부모님이 이웃나라 임금님에게 시집을 보낸 거야. 아직 어렸던 나는 낯선 곳에서 적응하지 못했어. 친구가 없던 나는 매일 밤 거울을 보며 고향과 가족을 그리워했지.
> 시간은 흘러 어느덧 임금님의 딸이었던 백설 공주는 열두 살이 되었고, 나는 어느새 의젓한 어른이 되었단다. 그러던 어느 날, 백설 공주가 친구들과 몰래 궁전 밖으로 나가 밤이 늦도록 돌아오지 않았어. 당시 사춘기였던 백설 공주는 성격이 무척 예민해져 있었지. 비록 나는 친엄마는 아니었지만 백설 공주를 사랑으로 보살피려고 노력했어. 그런 노력에도 공주는 날이 갈수록 나를 멀리했지. 그러다 그런 일이 생기고만 거야. 신하들과 백성들이 밤새 공주를 찾았고, 다행히 백설 공주를 숲 속에서 발견했는데 겁에 질려 있던 공주는 그만 많은 사람들 앞에서 거짓말을 하고 말았어. 계모인 내가 자신을 못살게 굴었다고 말이야. 그렇게 나는 백설 공주를 구박하는 나쁜 계모가 되었단다. 정말 억울한 일이지만 어쩌겠어. 너희라도 나를 믿어 주겠니?

〈백설 공주〉 이야기와 〈왕비가 들려주는 백설 공주의 또 다른 이야기〉는 어떤 점이 다른가요?

나는 이웃에 살고 있는 어린이예요.

Tip 주인공을 바꿀 때	사건을 바꿀 때
① 사건의 순서는 원래 이야기대로 따라가야 해요. ② 주인공의 성격이나 처한 상황에 따라 사건을 다르게 보는 것으로 바꾸어요.	① 주인공은 바꾸지 않고 그대로 두어요. ② 주인공이 다른 사건을 경험하거나, 원래 이야기의 사건이 다르게 일어났다면 어떻게 되었을지를 생각해요.

2 〈부처님이 된 노힐부득과 달달박박〉 이야기를 읽고 물음에 답해 보세요.

친구인 달달박박과 노힐부득이 부처가 되기 위해 깊은 산속으로 들어간다.

(1) 달달박박이 여인을 돌려보내지 않았다면 이야기는 어떻게 달라질까요?

------

(2) 노힐부득이 여인을 돌려보냈다면 이야기는 어떻게 달라졌을까요?

------

(3) 아이 낳는 것을 도와 달라는 여인의 청을 노힐부득이 거절했다면 이야기는 어떻게 달라질까요?

Tip 결말을 바꿀 때

- 앞의 내용과 잘 어울려야 해요.
- 결말이 그렇게 바뀐 이유가 드러나야 해요.
- 자기만의 새로운 생각을 써요.

3 〈까치의 재판〉을 읽고 아래의 질문에 답해 보세요.

> "참새야, 너는 왜 아침부터 나만 따라다니냐?"
> 하루 종일 참새에게 쫓겨 다닌 파리는 피곤해서 쓰러질 지경이 되어 참새에게 물었습니다.
> "너를 잡아먹으려는 거지."
> 참새도 잡힐 듯 잡히지 않는 파리를 쫓아 다니느라 지쳐 버렸습니다.
> "내가 무슨 죄가 있다고 잡아먹으려는 거야?"
> "너는 사람들이 먹을 음식을 더럽히고, 아무 데나 똥을 싸잖아."
> "그러는 너는? 너도 사람들이 지어 놓은 농사를 망쳐 놓잖아. 또 벌레들까지 잡아 먹고. 나쁜 걸로 따지면 네가 더 나빠."
> "우리끼리 싸우지 말고 까치에게 가서 재판을 받자."
> 참새가 먼저 제안을 했습니다.
> "둘 다 사람에게 피해를 주는 것은 마찬가지다. 그러나 파리는 똥을 싸도 많지 않고 병을 퍼뜨려도 얼마 안 되지만, 참새는 하루에도 수없이 곡식을 훔쳐 먹어 사람들 마음을 아프게 했다. 그러니 참새의 죄가 더 무겁다."
> 까치는 재판을 하고 나서 참새에게 종아리를 쳤습니다.

(1) 까치는 어떤 판결을 내렸나요?

------

(2) 여러분이 까치가 되어 새로운 판결을 내려 보세요.

이야기를 꼼꼼히 살펴요

| 〈징거미의 후회〉를 읽고, 아래 물음에 답을 써 보세요.

> 깊은 산속에 징거미 한 마리가 살고 있었습니다. 징거미는 남의 것을 탐내고 부러워하는 버릇이 있었습니다.
>
> 어느 날 징거미는 게를 만났습니다. 게는 긴 집게가 달린 두 다리를 가졌고, 등에 딱딱한 갑옷을 입고 있어서 적의 공격도 쉽게 막아 낼 수 있고, 상처도 잘 나지 않았습니다. 징거미 눈에는 게가 멋진 창을 든 훌륭한 장수처럼 보였습니다.
>
> 징거미는 용왕님을 찾아가서 게처럼 튼튼한 가위 다리와 멋지고 딱딱한 등 갑옷을 달라고 했습니다. 용왕님은 징거미에게 그렇게 해 주었습니다.
>
> 징거미는 친구들에게 자신의 멋진 모습을 자랑하러 갔습니다. 그런데 뜻밖에도 다른 징거미들이 뒷걸음을 치면서,
>
> "네가 징거미냐, 게냐? 이것도 저것도 아닌 이상한 모습이 되었구나."
>
> "이상하게 생긴 너는 틀림없이 괴물이야. 우리 마을에서 어서 썩 나가거라!"
>
> 라고 말하며 징거미를 마을에서 쫓아냈습니다.
>
> 그 뒤로 아무도 징거미와 놀아 주려 하지 않았습니다. 다른 물고기들도 집게발을 가진 징거미를 슬슬 피해 다녔습니다. 심지어 손가락질하는 물고기도 있었습니다. 결국 징거미는 깊은 물속의 바위틈으로 숨어 들어갔습니다.

(1) 징거미는 어떤 성격을 가졌나요? 징거미의 성격을 다르게 바꾸어 볼까요?

----

(2) 징거미는 어떻게 변했나요? 징거미의 모습을 다르게 바꾸어 보세요.

----

(3) 징거미의 변한 모습을 보고 친구들은 어떻게 했나요? 여러분이 징거미의 친구라면 무슨 말을 하고 싶은가요?

Tip 이야기를 바꿀 때

- 주인공의 성격, 처한 상황을 바꿀 수 있어요.
- 주인공이 새로운 사건을 경험하는 것으로 바꿀 수 있어요.
- 주인공의 생각이 바뀌거나, 이야기의 흐름이 달라지면 결말도 바뀝니다.

2 〈징거미의 후회〉를 새롭게 써 보세요. 주인공과 사건, 이야기의 결말 모두를 바꿔도 되고, 하나만 바꿔도 좋아요.

제목 : _____

_____

_____

_____

_____

_____

_____

_____

_____

_____

_____

_____

_____

_____

_____

_____

 **잠깐** 무엇을 바꾸었나요? 주인공, 사건, 아니면 결말을 바꾸었나요?
글을 다 쓰고 나서, 바꾼 것에 ◯ 해 보세요.

육하원칙

기사는 신문에 실리는 글입니다. 있었던 사실을 알려 주거나, 앞으로 있을 일을 알려주지요. 기사글은 사실을 정확하게 전달하는 글이므로 설명글이라고 할 수 있어요. 글 쓰는 이의 생각이나 느낌은 쓸 수 없답니다.

학습 목표
1. 육하원칙이 무엇인지 알 수 있다.
2. 육하원칙에 따라 글을 쓸 수 있다.

육하원칙을 알아보아요

| 아래 기사를 읽고, 두 친구가 나누는 이야기의 빈칸을 채워 보세요.

지난 9월 12일 인사동 남인사 마당에서 10월에 개최되는 '안성 바우덕이 풍물 축제'를 알리기 위해 열린 미니 풍물 축제장을 찾은 어린이가 버나놀이(접시돌리기)를 직접 해보고 있다.

세계일보

성원 : 신문을 보고 있구나!

주희 : 응, 이 기사 좀 봐.

성원 : 무슨 내용인데?

주희 : ------

성원 : 이야! 재미있겠다. 나도 가 봐야지. 그런데, 어디서 하는데?

주희 : ------

성원 : 언제부터야?

주희 : 그렇게 꼬치꼬치 묻지 말고 네가 기사를 읽어 봐!

성원 : ------

> **Tip 육하원칙이란?**
> - 육하원칙은 기사글을 쓸 때에 지켜야 할 기본 원칙입니다.
> - '누가, 언제, 어디서, 무엇을, 어떻게, 왜'의 6가지를 말해요.

2 육하원칙에 맞추어서 쓴 글은 신문의 기사에서 많이 볼 수 있어요. 아래의 인물, 배경, 사건에 따른 육하원칙을 써 넣으세요.

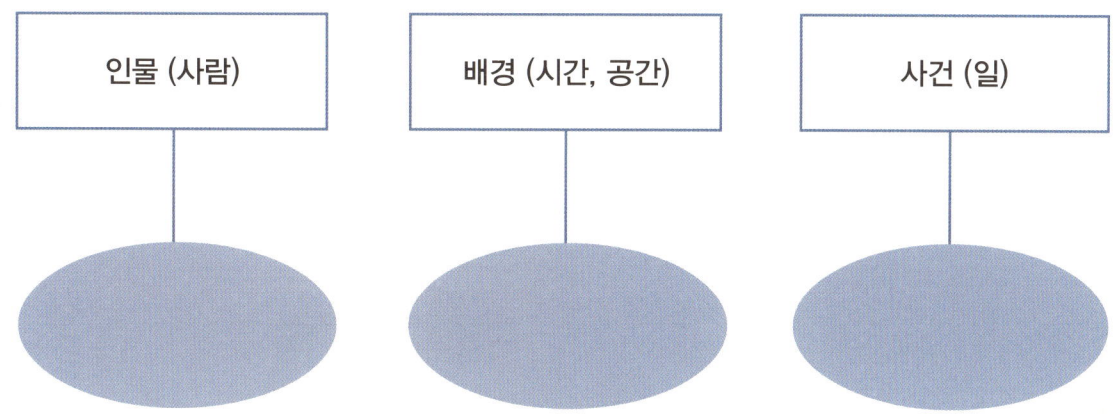

3 아래의 기사에서 육하원칙에 해당하는 부분을 찾아보세요.

밸리댄스 가르치는 선생님

싸이의 '챔피언'에 맞춰 신나게 밸리댄스를 추고 있는 이종란 선생님과 1학년 4반 어린이들. 5월 23일 오전 서울 중곡 초등학교 1학년 4반 교실의 모습이다. 이 학급 어린이들은 자주 춤을 춘다. 공부하다 지루할 때, 기분이 가라앉을 때 음악을 튼다. 허리를 돌리고, 엉덩이를 흔들다 보면 교실엔 웃음꽃이 피어난다. 내년 2월이면 정년을 맞는 이종란 선생님(62세)은 밸리댄스도 운동량이 부족한 아이들을 위해 시작했다. 지난 3월 한 달 동안은 1학년 전체 11개 학급 어린이들을 직접 가르쳤다.

소년조선일보

육하원칙에 맞게 정리해 보아요

아래 사진들의 내용에 어울리는 기사를 쓴다고 생각해 보세요. 우선, 기사를 쓰기 전에 육하원칙을 정리해야 합니다. 육하원칙 정하기 놀이를 해 볼까요?

누가 / 언제 / 어디서 / 무엇을 / 어떻게 / 왜

동아일보, 〈목요일 방과후 교실 선생님과 책 만들기〉

누가 / 언제 / 어디서 / 무엇을 / 어떻게 / 왜

연합뉴스, 〈화창한 봄날, 버찌를 고르는 사람들〉

Tip 육하원칙에 맞게 쓰는 이유

- 육하원칙이 들어가면 내용이나 사실을 정확하게 전달할 수 있어요.
- 누가, 언제, 어디서, 무엇을, 어떻게, 왜 했는지 쓰게 되면 내용의 줄거리가 간단하게 정리된답니다.

2 다음 기사를 읽고 육하원칙에 맞추어 정리해 보세요.

토요일은 TV 끄는 날

경기 연천 초성 초등학교 어린이들은 매주 토요일 TV에 덮개를 씌운다. 학교에서 나눠 준 덮개에는 이렇게 쓰여 있다. '오늘은 즐거운 가족의 날―텔레비전을 보지 않아요.' 초성 초등은 지난 해부터 매주 토요일을 가족의 날로 지정해 운영하고 있다. 이날만큼은 온 가족이 모여 사랑을 나누자는 목적이었다. TV가 가족 대화를 막는다는 의견이 나왔다. 이날만이라도 TV를 끄게 하자며, 덮개 제작을 서둘렀다.

소년조선일보

누가 :
언제 :
어디서 :
무엇을 :
어떻게 : TV에 덮개를 씌우고
왜 : TV가 가족의 대화를 막기 때문에

육하원칙에 맞게 기사를 써 보아요

아래 사진을 보고, 육하원칙에 따라 정리한 후 기사를 써 보세요. 내용에 알맞은 기사의 제목도 지어 보세요.

〈엄마 호랑이가 버린 새끼 호랑이들에게 젖을 주는 늑대, 야생 동물원에서〉

누가 :

언제 :

어디서 : 중국 산둥성 파오말링 야생 동물원에서

무엇을 :

어떻게 :

왜 :

제목 :

Tip 기사를 쓸 때 지켜야 할 것

- 분명한 내용만 씁니다. 잘 모르는 내용은 쓰지 않아요.
- 정확한 문장으로 씁니다. '~것 같다.', '~는지도 모른다.'와 같은 애매한 표현은 쓰지 않아요.
- '나', '우리'와 같은 인칭 대명사도 쓰지 않아요.

2 소풍 가서 찍은 사진입니다. 아래 사진에 어울리는 기사를 써 보세요.

(1) 여러분이 소풍 갔을 때를 생각하면서 육하원칙에 따라 정리해 보세요.

누가 : _____

언제 : _____

어디서 : _____

무엇을 : _____

어떻게 : _____

왜 : _____

(2) 소풍 가서 있었던 다른 일들도 생각해 보세요.

_____
_____
_____
_____

Tip 기사를 다듬기

- 읽는 사람이 자세히 알 수 있도록 있는 그대로 썼는지, 다시 한 번 읽어 보세요.
- 육하원칙에 맞게 썼나요? 혹시, 여러분의 생각과 느낌이 들어가 있지는 않았나요?
- 기사의 제목도 빠트리지 마세요.

3 여러분의 소풍 이야기를 다른 사람들에게 알리는 기사를 써 보세요.

앞 쪽 (1)번에서 정리한 내용을 연결해서 알려 주듯이 써 보세요. (2)번의 내용도 덧붙여 써 볼까요?

제목 :

의견 쓰기

어른께 하고 싶은 말을 할 때에는 어떻게 해야 할까요? 우선 높임말로 정중하게 표현해야 해요. 그래야 여러분의 말에 더 귀를 기울여 준답니다. 또 말하고자 하는 **의견**과 **이유**가 분명하게 드러나야 해요. 확실한 의견과 이에 알맞은 이유가 있어야 어른들도 내 말을 들어준답니다.

학습 목표

1. 높임말을 알 수 있다.
2. 의견과 이유를 찾을 수 있다.
3. 의견과 이유를 들어 글을 쓸 수 있다.

높임말을 써요

아래 글을 읽으면서 밑줄 친 부분을 높임말로 고쳐 보세요.

　　사랑하는 엄마께
　엄마! 나 정현이에요. → (　　　　　)
엄마, 나를 키우느라 많이 힘들죠? → (　　, 　　, 　　)
내가 엄마 많이 속상하게 했잖아요. → (　　　)
이것저것 사 달라고만 하고 제가 할 일은 제대로 하지도 않고……
　그래서 결심했어요. 제 일은 스스로 하기로요.
이제 10살이니까 세상을 알 만한 나이가 되었거든요.
또 공부도 스스로 하겠어요.
그러니까 엄마, 이제는 학원에 안 다니고 스스로 공부하고 싶어요. 사실 그동안 학원에서 공부한다는 핑계를 대고 살살 놀기만했거든요. 그런데 엄마는 또 내가 공부 안 하려고 꾀를 부릴까 봐 걱정이죠? → (　　　)
　이번에는 진짜예요.
정말로 열심히 할게요.
지금 스스로 공부하지 않으면 언제 하겠어요?
저를 믿어요. → (　　　)
그럼 이만 쓸게요.
엄마, 사랑해요!
　　　　　　　　　　2017년 9월 1일
　　　　　　　엄마를 사랑하는 정현 씀 → (　　　)

Tip 높임말과 예사말

- 우리말에는 말하는 이가 듣는 이를 높여 주는 높임말과 평상시에 일반적으로 쓰는 예사말이 있어요.
- 듣는 사람이 누구인지, 누구에 대한 이야기인지에 따라 높임말과 예사말을 구분하여 씁니다.

2 다음 〈보기〉와 같이 아래의 문장을 높임말로 고쳐 보세요.

> **보기**
> 어머니가 밥을 먹는다. ──▶ 어머니께서 진지를 드십니다.

(1) 선생님이 아파서 오늘은 집에서 쉬고 있다.

──▶ _____

(2) 교장 선생님이 운동장에서 휴지를 줍는 아이들을 칭찬한다.

──▶ _____

(3) 재동아, 엄마가 너보고 심부름하시래.

──▶ _____

(4) 할아버지, 저녁밥 먹으러 오세요.

──▶ _____

(5) 우리 할머니의 나이가 몇 살인지 엄마에게 물어보았다.

──▶ _____

의견과 이유를 찾아요

아래 대화를 읽고, 미정과 수호의 의견에 대한 이유를 찾아 써 보세요.

> 심청이가 눈 먼 아버지를 혼자 두고 뱃사람을 따라간 것이 이해가 안 돼.

> 그냥 따라갔니? 공양미 삼백 석을 받고 따라갔지.

> 심청이는 자기가 죽는 것이 아버지에게 가장 큰 불효라는 것을 몰랐던 것 같아. 나는 심청이가 집에 남아서 아버지를 모셔야 한다고 생각해.

> 심청이는 자기 목숨을 바쳐서라도 아버지의 눈을 뜨게 해 주고 싶었던 거야.

	의 견	이 유
미정	심청이가 뱃사람을 따라간 것이 효도이다.	
수호	심청이가 집에서 아버지를 모시는 것이 효도이다.	

Tip 의견과 이유

- 의견은 주장하고 싶은 말이고, 이유는 그렇게 생각한 까닭입니다.
- 의견을 말할 때에는 이유가 뒤따라야 남을 설득할 수 있어요.

2 아래 글에서 〈보기〉처럼 의견과 이유를 구분하고, 나의 이유를 써 보세요.

용돈을 올려 주세요. 용돈이 적어서 저축을 할 수가 없어요.
　　(의견)　　　　　　(이유)

나의 이유 : 학교 준비물을 사기에 부족해요.

(1) 게임 시간을 늘려 주세요. 토요일 두 시간으로는 레벨 업이 잘 안 돼요.
　　　(　　)　　　　　　　　　(　　)

　　나의 이유 : _____

(2) 여러 줄이 생기면 새치기하는 사람이 생겨요. 화장실 앞에서는 한 줄로 섭시다.
　　　(　　)　　　　　　　　　　　(　　)

　　나의 이유 : _____

(3) 교실이 깨끗해야 건강을 지킬 수 있어요. 교실 청소를 깨끗이 합시다.
　　　(　　)　　　　　　　　　(　　)

　　나의 이유 : _____

(4) 책을 많이 읽읍시다. 책을 많이 읽으면 훌륭한 사람이 될 수 있어요.
　　(　　)　　　　　　(　　)

　　나의 이유 : _____

할 말이 있어요

다음 글을 읽고 물음에 답해 보세요.

경찰관 아저씨께

날마다 우리의 안전과 질서를 지켜 주시느라 얼마나 수고가 많으세요. 또 추석에 집에도 가지 못하고 우리를 지켜 주시니, 힘이 드시겠어요. 우리 선생님께서는 아저씨들께 항상 감사하는 마음을 갖고 길에서 뵈면 '감사합니다.' 라고 인사를 하라고 말씀하셨어요.

그런데 아저씨, 부탁드릴 말씀이 있어요. 우리 학교 앞에 자동차 과속 방지턱을 설치해 주셨으면 좋겠어요. 왜냐하면 신호등을 잘 지키지 않는 차들이 많은 것 같아서요. 초록 불인데도 쌩쌩 달려가는 차를 보면 무서워요. 자동차 과속 방지턱이 있으면 자동차도 속도를 줄일 것이고, 우리도 자동차를 보면서 안전하게 길을 건널 수 있을 것 같아요.

다음에 길에서 뵈면 꼭 감사하다고 말씀드릴게요.

(1) 누구에게 쓴 글인가요?

_____

(2) 편지를 쓴 사람의 의견은 무엇인가요?

_____

(3) 의견의 이유는 무엇인가요?

_____

(4) 높임말을 쓴 곳에 밑줄을 그어 보세요.

Tip 하고 싶은 말에는 어떤 것이 있을까요?

- 이것을 하고 싶어요.
- 이렇게 되었으면 좋겠어요.
- 이것을 함께하면 좋겠어요.
- 이것만은 하지 않으셨으면 좋겠어요.

2 누구에게 무슨 말을 하고 싶은지 그 대상을 먼저 찾아요. 그리고 의견과 함께 이유를 적어 보세요.

학용품 회사 사장님께	
의견	이유
필통 크기를 줄여 주세요.	① 필통이 커서 가방에 넣기가 힘들어요. ② 필통이 작으면 꼭 필요한 필기구만 가지고 다닐 수 있어요. ③ 크기가 작은 것이 앙증맞고 귀여워요.
학교 선생님께	
의견	이유
아버지께 / 어머니께	
의견	이유

51

Tip 어른께 의견과 이유가 드러나는 글을 쓸 때

- 의견과 이유가 잘 드러나야 해요.
- 높임말을 써야 해요.
- 맞춤법과 띄어쓰기도 맞아야 해요.

3 앞 쪽에서 정리한 내용 중에 하나를 골라서 의견과 이유가 잘 드러나는 글로 써 보세요. 어른께 쓰는 글이니까 높임말을 써야겠지요?

제목 :

토론하기

토론은 어떤 문제에 대하여 여러 사람이 각각 자신의 주장을 말하여 옳고 그름을 따지는 것을 말합니다. 주장을 밝힐 때에는 주장을 뒷받침할 수 있는 근거를 들어야 설득력이 있습니다. 자신의 주장을 글로 쓴 것을 '주장하는 글'이라고 합니다. 토론한 것을 바탕으로 주장하는 글을 써 보세요.

학습 목표
1. 토론하는 방법에 대하여 안다.
2. 주장에 맞는 이유를 밝혀 주장하는 글을 쓸 수 있다.

토론에 대해 알아보아요

수영: 음악 시간에 다영이 노래 진짜 이상하지 않았니?
솔비: 그런데 왜 아까는 잘한다고 칭찬을 했니?
수영: 어떻게 못한다고 하니? 그럼 다영이 기분이 안 좋을 거 아냐.
지우: 그럼 거짓말을 한 거나 마찬가지잖아.
수영: 그렇지만 좋은 뜻에서 한 말이니까 괜찮아. '선의의 거짓말'이라는 말도 있잖아.
영진: 그래도 거짓말은 나빠. 선의의 거짓말이라도 거짓말은 거짓말이잖아.
솔비: 영진이 말이 맞아. 선의의 거짓말과 나쁜 뜻의 거짓말을 구분하기가 어려우니까.
지우: 친구의 기분을 좋게 한다든가 다툼을 피하기 위해서 때로는 거짓말도 필요하다고 생각해. 서로 피해를 보지 않는다면 문제가 없을 거야.
수영: 아무튼 다영이는 정말 노래 못 해.

1 어떤 문제에 관하여 이야기하고 있나요?

---

2 각 친구들의 주장에 대한 근거를 확인해 보세요. 적절하지 않은 근거를 댄 친구는 누구이며 그 이유는 무엇인가요?

Tip 토론이란?

- 여러 사람이 각각 찬성과 반대의 주장을 내어 상대방이 내 의견에 동의하도록 하는 말하기를 토론이라고 합니다.
- 토론을 하면 서로 반대되는 의견도 들을 수 있고, 좀 더 좋은 해결 방법을 찾을 수 있습니다.

3 옆의 토론에서 찬성과 반대의 의견을 낸 친구는 각각 누구이며, 근거로 내세운 것은 무엇인지 써 보세요.

서로 피해를 보지 않는다면 문제가 없다.

선의의 거짓말과 나쁜 뜻의 거짓말을 구분하기가 어렵다.

지우와 수영

솔비와 영진

4 여러분은 어떻게 생각하는지 자신의 의견을 쓰고, 그렇게 생각한 이유도 써 보세요.

주장 :

근거 :

찬성과 반대에 대해 알아보아요

토론에서 자신의 의견을 주장할 때에는 반드시 이유나 근거도 함께 말해야 합니다. 다음의 경우, 찬성 또는 반대 의견을 뒷받침할 수 있는 이유를 써 보세요.

(1) 급식에 내가 좋아하지 않는 시금치 나물이 나왔습니다. 먹어야 할까요?

찬성 :

반대 : 먹기 싫은 음식을 먹으면 체할 수도 있기 때문에 먹지 않는 것이 좋다.

(2) 부모님과 선생님의 잔소리는 필요할까요?

찬성 : 부모님이나 선생님의 잔소리는 우리를 바른길로 이끌어 주시기 위한 것이기 때문에 필요하다고 생각한다.

반대 :

Tip 토의와 토론은 어떻게 다른가요?

- 토론이 어떤 문제에 대하여 자신의 의견을 주장하는 말하기라면, 토의는 하나의 문제에 대해 더 잘 해결할 수 있는 방법을 찾기 위해 자유롭게 서로의 의견을 나누는 말하기입니다.
- 토론에서는 어떤 결정을 하지 않지만, 토의에서는 하나의 의견을 정합니다.

2 토론에서는 자신의 의견을 내세우기도 하지만, 상대방 의견의 문제점을 찾아 지적할 수 있어야 합니다. 이것을 '반박하기'라고 합니다. 〈보기〉처럼 다음 의견에 반대 의견을 내어 보세요.

>
> 음식을 골고루 먹어야 건강해지기 때문에 싫어하는 반찬이라도 먹어야 한다.
>
> **반박하기 :** 식사도 즐겁게 해야 소화도 잘 되고 건강에도 좋다. 먹기 싫은 것을 억지로 먹으면 식사가 즐겁지 않아 소화도 잘 안 된다.

(1) 건널목 신호등이 빨간색이라도 차가 없으면 길을 건너도 된다. 차도 다니지 않는데 서 있는 것은 시간 낭비이기 때문이다.

반박하기 :

(2) 친구의 기분을 좋게 한다든가 다툼을 피하기 위해서는 거짓말도 필요하다. 서로 피해를 보지 않는다면 문제가 없다.

반박하기 :

주장하는 글을 써 보아요

1 다음 그래프에 대한 친구들의 대화를 읽고 자신의 의견을 써 보세요.

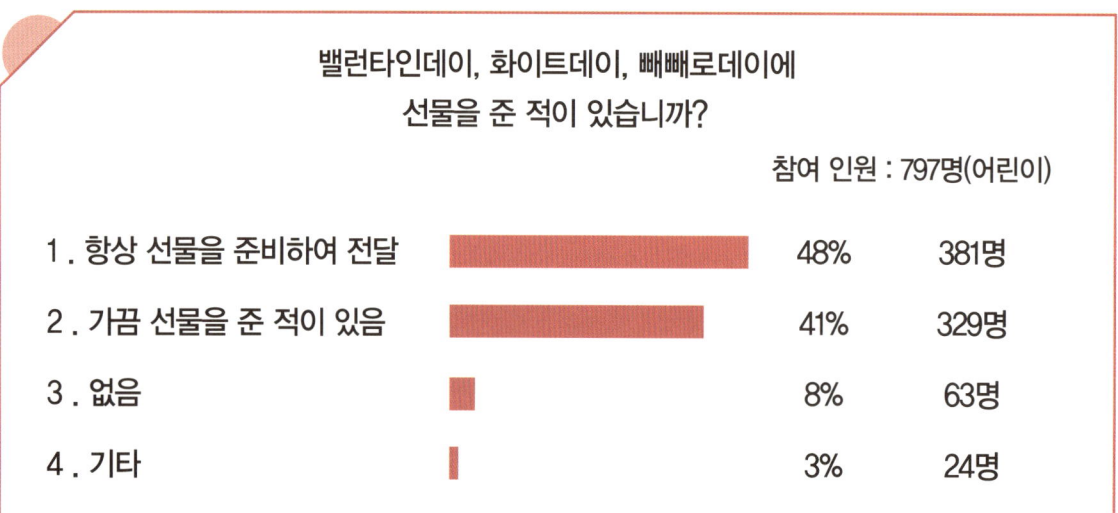

밸런타인데이, 화이트데이, 빼빼로데이에 선물을 준 적이 있습니까?

참여 인원 : 797명(어린이)

1. 항상 선물을 준비하여 전달	48%	381명
2. 가끔 선물을 준 적이 있음	41%	329명
3. 없음	8%	63명
4. 기타	3%	24명

 다 과자나 초콜릿을 팔기 위한 상술이야.

 그래도 서로의 마음을 전할 수 있지 않니?

 이런 기념일은 누가, 왜 만들었을까?

선물을 받지 못한 친구들은 기분이 안 좋을 텐데….

그러니까 선물을 받으려면 너도 해야지?

 남들이 한다고 무조건 따라하니? 과자를 사느라 용돈도 낭비하게 될 거야.

내 의견 : _____

2 위의 표를 활용하여 토론할 수 있는 주제를 정해 보세요.

◎ 토론 주제 : _____

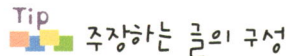
주장하는 글의 구성

- 서론 쓰기 : 글을 쓰게 된 동기(문제 제기), 본론에 쓸 내용 소개.
- 본론 쓰기 : 주장과 주장을 뒷받침하는 이유와 근거 밝히기, 해결 방안 제시 혹은 반박하기.
- 결론 쓰기 : 본론의 내용 요약하기, 자신의 주장 강조.

3 기념일에 과자나, 사탕, 초콜릿을 선물하는 것에 대한 '토론 준비표'를 완성해 보세요.

토론 준비표

토론 주제		빼빼로데이에 과자를 선물하는 것은 필요하다.
찬성 주장과 근거	주 장	기념일에 과자나 사탕을 선물하는 것은 친구 사이에서 필요한 일이다.
	근 거	
반대 주장과 근거	주 장	기념일에 과자나 사탕을 선물하는 것은 필요하지 않다.
	근 거	

> **Tip** 다 쓰고 나면 확인해 보세요!
>
> - 서론, 본론, 결론에 들어갈 내용이 빠지지 않았나요?
> - 주장에 맞는 근거를 들었나요?
> - 맞춤법과 띄어쓰기도 알맞게 썼나요?
> - 글의 제목이 알맞은가요?

4 다음의 두 가지 주제 중에서 하나를 골라 찬성과 반대의 입장을 충분히 생각해 보세요. 그리고 자신의 주장이 잘 드러나는 글을 써 보세요.

주 제 : 1. 방학 숙제를 인터넷에서 대신해 주는 곳이 있습니다. 어떻게 할까요?

2. 횡단보도의 신호등이 고장 났습니다. 건너야 할까요?

보고 쓰기

견학 기록문은 학습의 목적으로 공장이나 유적지 등을 실제로 다녀온 뒤에, 또는 여행을 가서 보고, 듣고, 경험하고, 느낀 일을 시간이나 장소의 이동에 따라 쓴 글입니다. 여기에 견학을 하는 목적과 이를 위한 준비, 같이 간 사람 등이 포함됩니다. 견학 기록문을 쓰면 견학의 경험을 훨씬 생생하게 기억할 수 있어요.

학습 목표
1. 견학 기록문의 특징을 알 수 있다.
2. 다른 사람이 쓴 견학 기록문을 읽고, 견학 기록문의 틀을 알 수 있다.
3. 견학 기록문을 쓸 수 있다.

견학 기록문의 특징을 알아보아요

다음 대화를 읽고 물음에 답해 보세요.

> 보고, 듣고, 경험하고, 느낀 것을 장소와 시간 순서대로 써야 하니까, 먼저 견학한 곳의 순서를 정리해 보는 것이 좋겠어. — 민규

> 견학을 다녀온 뒤에 더 알고 싶은 내용이나, 다음 견학의 계획을 쓰는 것도 좋은 것 같아. — 수현

> 무엇보다도 누가, 언제, 어떻게, 왜 견학을 갔는지 분명하게 드러나야 견학 기록문의 형식이 갖추어졌다고 생각해. — 동건

> 견학을 다니면서 각자 느낌이 달랐을 테니, 견학한 곳의 정보보다는 자신의 느낌이 더 많아야 자신만의 견학 기록문이 되겠지? — 홍주

> 다른 사람도 쉽게 이해할 수 있도록 사진이나 자료를 같이 실으면 좋겠어. — 하영

(1) 위의 대화에서 견학 기록문에 대해 알맞게 설명하지 못한 사람은 누구인가요?

----

(2) 잘못된 설명을 알맞게 고쳐 보세요.

Tip 견학 기록문에는 사실과 의견을 함께 써요

- 사실 : 같이 간 사람, 견학 간 날짜, 견학 장소, 이동 방법, 알게 된 지식이나 정보, 알게 된 방법.
- 의견 : 견학을 간 이유, 자신이 그곳에서 한 행동이나 느낌, 생각, 마음가짐.

 2 견학 기록문을 쓸 때 주의할 점입니다. 〈보기〉에서 골라 빈칸에 써 보세요.

보기
견학한 곳이나 시간, 의견, 견학 계획,
누가 · 언제 · 어떻게 · 왜 견학을 갔는지, 사진이나 자료

(1) 보고, 듣고, 느낀 것을 _____ 의 순서대로 쓴다.

(2) 형식에서는 _____ 분명하게 드러나야 한다.

(3) 읽는 사람이 쉽게 이해할 수 있도록 _____ 를 같이 실으면 좋다.

(4) 견학을 다녀온 뒤에 더 알고 싶은 내용이나 다음 _____ 을 써도 좋다.

(5) 견학 기록문에는 사실과 함께 _____ 도 쓸 수 있다.

 3 아래 〈보기〉의 장소들 중에서 다녀온 곳이 있으면 써 보세요. 또 보기 외에 여러분이 가 본 곳을 써 보세요.

보기
박물관, 유적지, 미술관, 산업 현장, 도서관, 방송국, 국회,
신문사, 구청, 동사무소, 소방서, 경찰서, 신문사, 아빠 회사

견학 갔던 장소 : _____

그 밖의 장소 : _____

견학 기록문의 구성을 알아보아요

 친구의 견학 기록문을 차근차근 읽고 물음에 답해 보세요.

경복궁에 다녀와서

우리나라의 궁궐에 대한 책을 읽고, 8월 21일에 경복궁으로 현장 학습을 갔다. ○○ 전철역에서 모여 선생님과 친구 셋과 함께 갔다. 친한 친구들하고만 가니 기분이 더 좋았다. 전철에서 큰 소리로 웃었더니 사람들이 쳐다보았다. 조용히 끝말잇기를 하려고 했으나 자꾸 소리가 커져서 무척 조심스러웠다.

경복궁의 정문인 광화문을 지나 근정전으로 갔다. 근정전 주위에 돌을 깎아서 만든 여러 동물들이 있었다. 내가 좋아하는 호랑이가 귀여운 얼굴이어서 그 앞에서 사진을 찍었다. 궁궐을 지키려면 좀 더 무서운 얼굴이어야 하지 않을까? 근정전에서 일월오봉산도를 보았다. 사진으로만 보다가 직접 보니, 그 앞에 임금님이 앉아 있는 것 같은 상상이 들었다. 근정전을 지나 이름은 잘 생각 안 나지만 글자 창고를 보았다. 글자 창고가 있다니, 신기하고 놀랍다.

그 다음에 경회루에 갔다. 경회루는 외국의 사신이 오면 연못에다 배를 띄우고 잔치를 했던 곳이라고 한다. 경회루의 지붕과 경복궁 뒤의 산 모습이 비슷한 모양을 하고 있었다. 궁궐을 지을 때 배경을 생각한 것 같다. 여기서 사진을 찍었다.

그 다음에 교태전 뒤뜰로 갔다. 교태전은 왕비가 살았던 곳인데, 그 뒤뜰에 아미산이라는 언덕이 있었다. 아미산의 언덕에 있는 굴뚝에 여러 가지 무늬가 새겨져 있었다. 아름다웠다. 교태전과 자경전을 나누는 벽에는 나비, 연꽃 같은 아름다운 무늬가 새겨져 있어서 모두 종이와 색연필로 '탁본'을 했다. 우리가 하는 것을 본 다른 사람들도 하고 싶어 했다.

자경전은 왕의 어머니인 대비가 살던 곳이다. 자경전의 담 벽도 아름다웠다. 덥고 힘들어서 그냥 보기만 했다.

마지막으로 경복궁의 꼭대기에 있는 향원정에서 많은 잉어들을 보았다. 향원정 옆의 샘물을 먹으면서 쉬었다. 물이 시원하지 않아서 조금 실망했다.

처음에는 열심히 본 것 같은데, 덥고 힘들어서 뒤로 갈수록 대충 보았다. 경복궁을 한 번에 모두 볼 수 있다는 생각은 하지 않는 것이 좋겠다. 덥지도 춥지도 않은 날에 다시 오면 좋겠다.

4학년 서지은

Tip 견학 기록문의 구성

- 처음은 견학 일, 견학 장소, 같이 간 사람, 견학 목적 등을 씁니다.
- 가운데는 시간과 장소의 이동을 중심으로 견학 과정을 씁니다.
- 끝맺음은 견학을 다녀오면서 느낀 점을 씁니다.

옆의 견학 기록문을 읽고 아래의 질문에 답해 보세요.

(1) 첫 문단에는 무슨 내용을 썼나요?

---

(2) 견학지에서 있었던 과정은 몇 문단에서 몇 문단까지인가요?

---

(3) 견학한 곳의 순서를 찾고 본 것, 알게 된 점, 한 일, 느낀 점을 찾아 써 보세요.

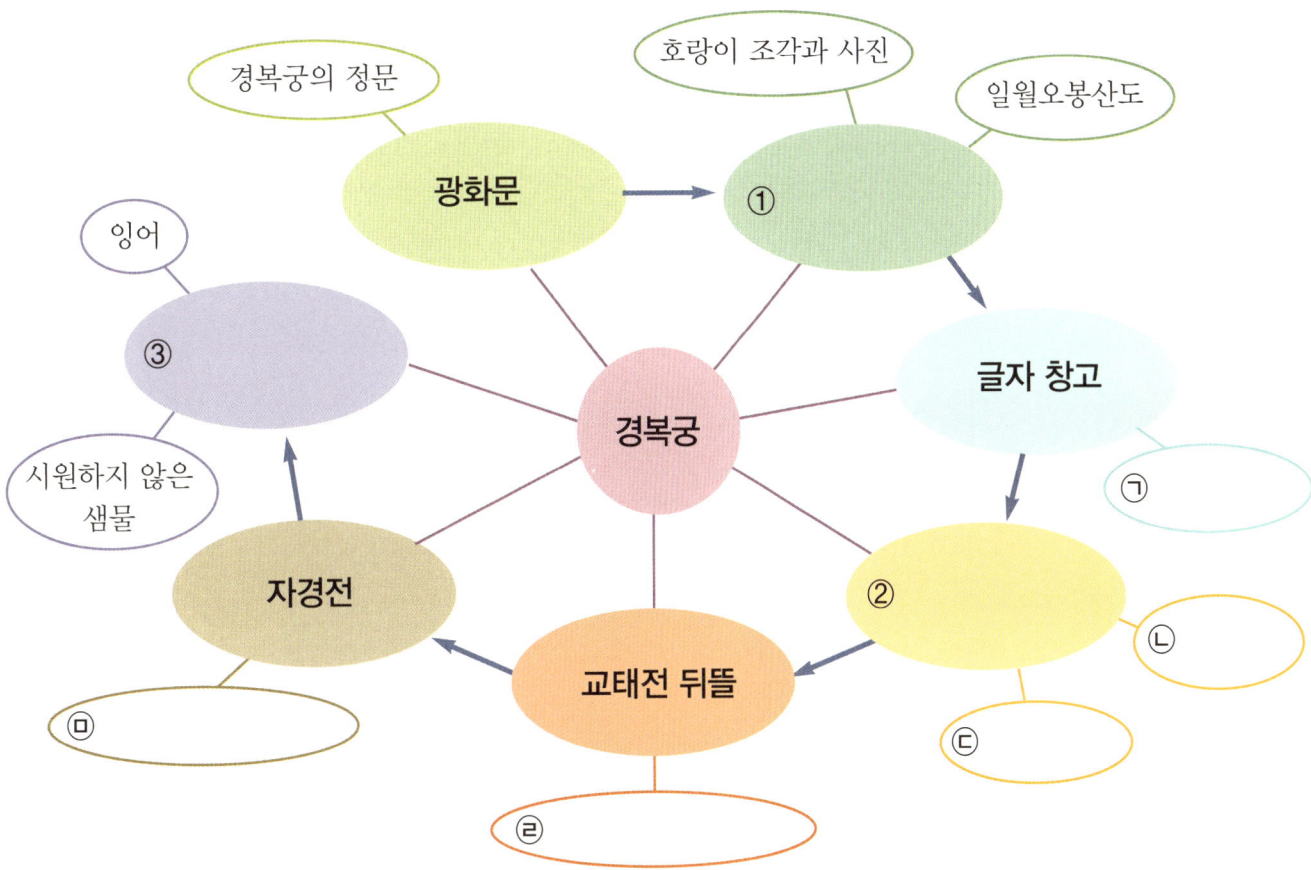

(4) 견학을 마치고 난 뒤의 생각이 나타나는 문단은 어디인가요?

견학 기록문을 써요

아래의 과정을 따라가며 견학 기록문을 쓸 준비를 해 보세요.

(1) 언제, 누구와, 어디로 견학을 갔으며, 견학의 목적은 무엇인가요?

....

....

(2) 견학 가기 전에 미리 조사한 것은 무엇인가요?

....

....

(3) 견학을 갈 때 무엇을 타고 갔나요? 또 견학 가는 도중에 있었던 기억나는 일은 무엇인가요?

....

....

(4) 견학한 곳을 시간과 장소의 순서에 따라 정리해 보세요.

○ → ○ → ○

→ ○ → ○

(5) 견학을 마치고 난 후 생각과 느낌을 정리해 보세요.

....

....

Tip 견학 기록문을 잘 쓰려면?

- 견학 가기 전에 미리 자료를 읽고 가면 흥미 있게 견학을 할 수 있어요.
- 견학 중에 보고 들은 것을 자세히 메모해요.
- 본 것을 그림으로 그려 놓는 것도 좋은 방법입니다.
- 견학을 다녀온 뒤 바로 기록문을 쓰는 것이 좋아요.

2 견학지에서 보고, 듣고, 경험하고, 느낀 것을 장소에 따라 자세히 써 보세요.

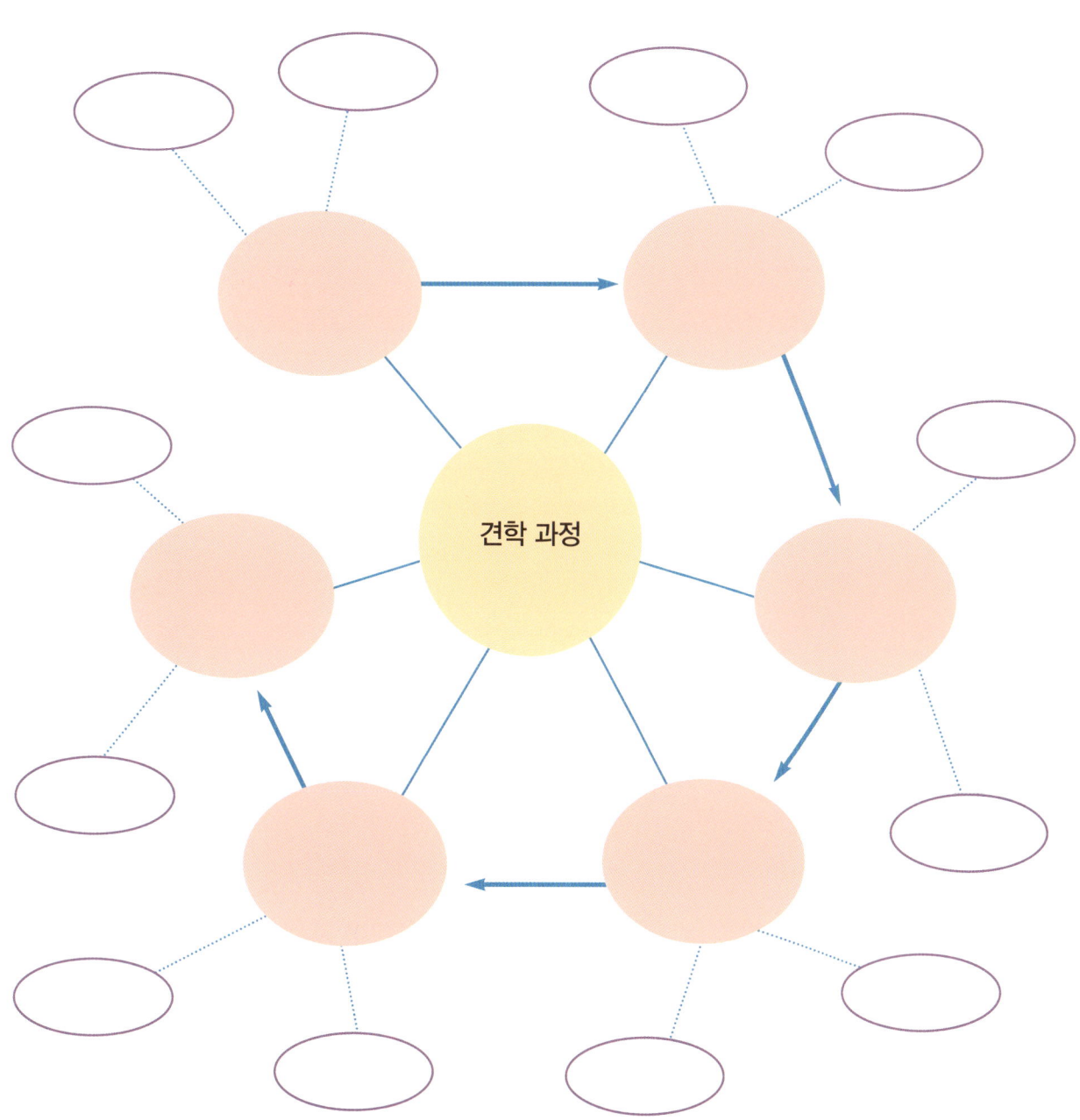

Tip 쓰고 나서 읽어 보세요

- 견학하면서 보고 배운 내용과 자신의 느낌이 적절하게 들어가 있나요?
- 견학을 하게 된 동기와 목적이 분명히 나타나 있나요?
- 견학한 과정이 빠지지 않고 기록되었나요?
- 견학한 소감이 잘 마무리되었나요?

3 앞에서 정리한 내용을 바탕으로 견학 기록문을 써 보세요.

제목 :

감상 쓰기

책을 읽고 마음에 와닿은 느낌이나 떠오르는 생각을 글로 적은 것을 **독서 감상문** 또는 **독후감**이라고 해요. 일반적인 형식의 독후감도 있지만, 편지의 형식으로도 쓸 수 있어요. 특히 편지 형식의 독서 감상문은 동화나 이야기 속 등장인물들에게 하고 싶을 말을 이야기하듯이 자유롭게 쓸 수 있어요.

학습 목표
1. 독서 감상문의 짜임을 알 수 있다.
2. 편지글로 독서 감상문을 쓸 수 있다.

독서 감상문의 짜임을 알아보아요

독서 감상문을 쓰기 전에 독서 감상문의 짜임을 알아볼까요? 우선 독서 감상문을 처음, 가운데, 끝으로 나눕니다. 처음, 가운데, 끝 부분에는 어떤 내용들을 담아야 할지 사다리를 타면서 알아보고, 빈칸도 채워 보세요.

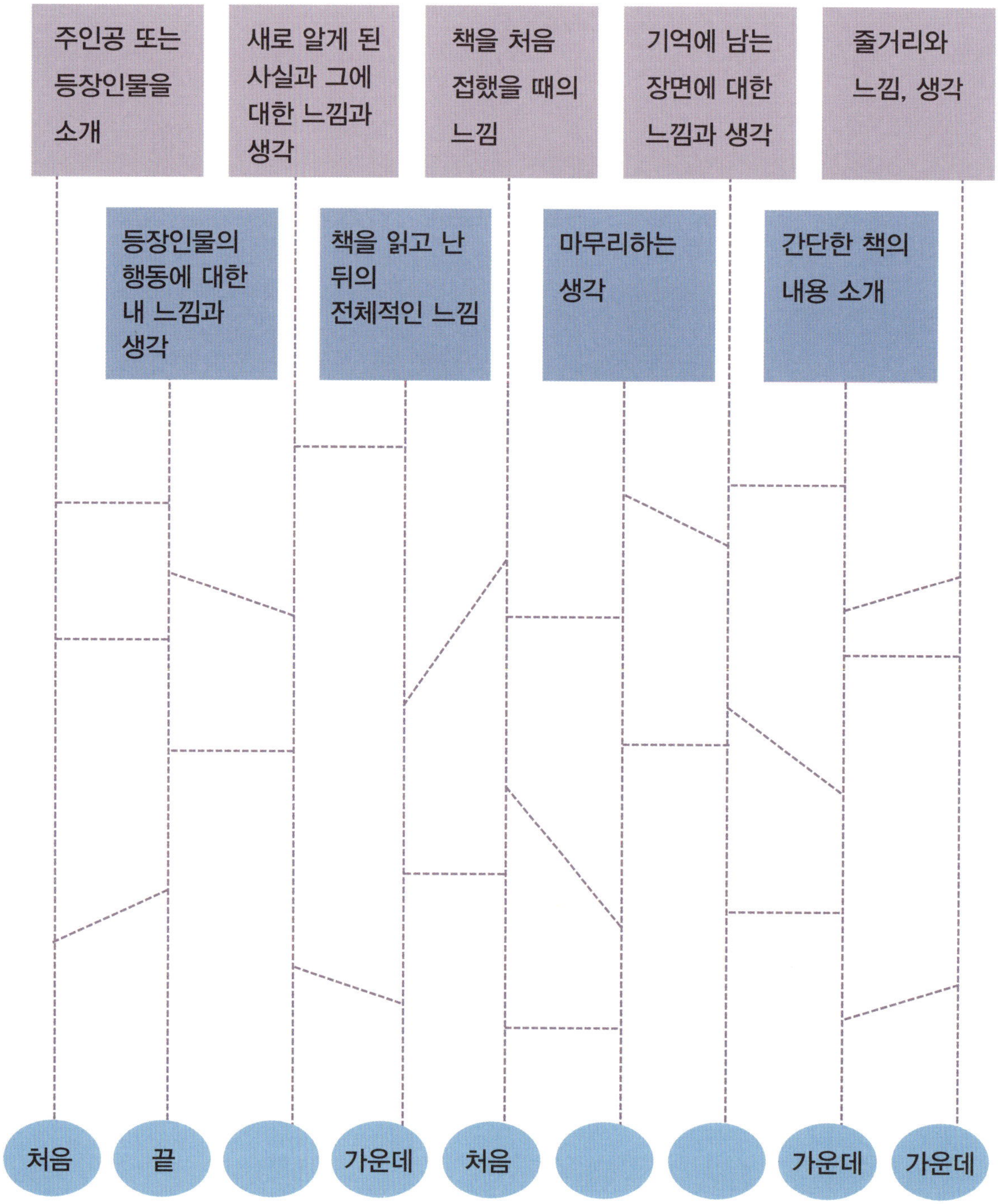

| 주인공 또는 등장인물을 소개 | 새로 알게 된 사실과 그에 대한 느낌과 생각 | 책을 처음 접했을 때의 느낌 | 기억에 남는 장면에 대한 느낌과 생각 | 줄거리와 느낌, 생각 |

| | 등장인물의 행동에 대한 내 느낌과 생각 | 책을 읽고 난 뒤의 전체적인 느낌 | 마무리하는 생각 | 간단한 책의 내용 소개 |

처음 · 끝 · · 가운데 · 처음 · · 가운데 · 가운데

Tip 편지글 형식의 독서 감상문

- 독서 감상문을 편지글의 형식을 빌어 쓰면 쉽고 친근한 글이 될 수 있어요.
- 편지에는 부르는 말, 첫인사, 하고 싶은 말, 끝인사, 쓴 사람과 쓴 날짜가 들어가요.

2 친구가 책을 읽고 주인공에게 편지로 쓴 독서 감상문을 읽어 보세요.

처음	〈책 씻는 날〉의 몽담이에게 몽담아, 안녕? 나는 서울 은평구에 사는 주호라고 해. 나는 〈책 씻는 날〉이라는 책에서 몽담이 너를 알게 되었어.
가운데	몽담아, 너는 어떻게 최선을 다해 노력을 할 수 있니? 나는 그런 네가 너무 부러워. 그리고 외숙께서 너에게 활쏘기나 운동을 하라는 말을 했을 때 너는 울음을 터트렸어. 그런데도 너는 어떻게 책을 더 열심히 읽고 일 년이 지나고 십 년이 지나도 계속해서 그 책을 깨우칠 때까지 읽을 수 있니? 힘들지는 않니? 나는 힘들면 바로 포기하거든. 그런데 몽담이 너는 힘들어도 계속 깨우칠 때까지 노력하는 모습이 인상적이야. 나는 너를 보고 너처럼 계속해서 깨우치거나 끝을 볼 때까지 하고 싶어졌어.
끝	나도 너처럼 되도록 반드시 노력할 거야! 몽담아, 나도 이제 할 말은 다했어. 안녕! 잘 가! 2017년 3월 20일 주호가

(1) 독서 감상문의 짜임대로 처음, 가운데, 끝을 줄로 그어 구분해 보세요.

(2) 친구의 생각이나 느낌이 담긴 부분을 색연필로 표시해 보세요.

(3) 친구가 읽은 책의 제목에 빨간색 색연필로 동그라미를 그려 보세요.

(4) 누가, 누구에게 쓴 편지인지 표시해 보세요.

생각을 키워요 — 독서 감상문 쓰는 방법을 알아보아요

| 처음 부분은 이렇게 씁니다.

(1) 독서 감상문의 처음 부분에는 어떤 내용이 들어가야 하나요?

----

(2) 다음은 친구들이 쓴 독서 감상문의 처음 부분입니다. 처음 부분에 쓴 내용을 읽고, 각 책의 제목을 보기에서 찾아 번호를 쓰세요.

> _____ 라는 책의 제목을 처음 보았을 때는 양파라는 아이가 왕따를 당했던 일들을 일기로 쓴 내용인 줄 알았다.
>
> 3학년 박은재

> _____ 의 주인공은 렝켄이다. 렝켄은 아주 착한 아이인데 부모가 자기 말을 잘 들어 주지 않자 요정을 찾아가서 고민을 상담한다.
>
> 3학년 이예리

> _____ 라는 책을 읽으면 정리 정돈하는 습관이 중요하다는 것을 알 수 있고 가족의 사랑을 느낄 수 있다.
>
> 3학년 이준호

> _____ 는 우리나라에서 잘 알려진 강들을 소개한다. 우리나라에서 유명한 강 8개와 강에 전해져 오는 옛 이야기를 재미있게 알려 준다.
>
> 3학년 공민정

> 보기
> ① 집 안 치우기　　　　　　　② 행복한 늑대
> ③ 강물아 강물아 이야기를 내놓아라　　④ 플랜더스의 개
> ⑤ 양파의 왕따 일기　　⑥ 마법의 설탕 두 조각　　⑦ 어린이를 위한 우동 한 그릇

Tip 인물의 성격을 나타내는 말

인물들의 말이나 행동을 통해서 성격을 알 수 있어요. 인물의 성격을 나타내는 말들을 몇 가지만 알아볼까요?

착하다　　용감하다　　부지런하다　　덜렁거린다　　어리석다
꼼꼼하다　　게으르다　　친절하다　　참을성이 많다　　지혜롭다

2 가운데 부분은 이렇게 씁니다.
독서 감상문의 가운데 부분에는 부분적인 책의 내용과 함께 여러분의 느낌과 생각을 답니다.

- 줄거리는 간단히 씁니다. 책 내용을 간단히 말하듯이 쓰고, 느낌과 생각도 써요.
- 기억에 남는 장면을 떠올리면서, 그 장면을 생각하면 떠오르는 느낌이나 생각도 써요.
- 새로 알게 된 사실도 쓰면 좋아요. 그리고 그 사실에 대해서도 느낌과 생각을 함께 적어요.
- 주인공이나 등장인물의 행동을 보고 여러분의 느낌이나 생각을 써요.

(1) 다음 글을 읽고, 느낌이나 생각을 〈보기〉에서 골라 어울리게 고쳐서 써 보세요.

'우리 음식 이야기'를 읽고

나는 그중에서 김치, 불고기, 약식, 된장, 떡을 세계인에게 알리고 싶다. 먼저 김치는 이제는 세계적으로 인기 있는 음식이라고 한다. 그 말을 듣고 나는 _____ 그리고 내가 한국인이라는 사실이 _____ 김치'는 채소를 소금에 절여 양념을 넣고, 버무린 반찬을 일컫는 말이다. 나는 어렸을 적에는 김치가 매워서 _____ 커서는 김치가 _____ 것을 알게 되었다. 몇 년 전에 '사스'라는 무서운 전염병이 퍼지자 세계 여러 나라 사람들이 목숨을 잃었는데, 김치를 먹은 우리나라 사람들은 환자가 한 명도 없었다고 한다. 그런 사실을 알게 되자 앞으로 김치를 더 많이 _____ 야겠다는 생각을 했다. 김치는 질병을 막아 주고, 젖산균이 들어 있어서 음식물의 소화와 암을 예방하는 _____ 작용을 한다고 한다. 김치에는 또 비타민과 무기질이 풍부하고, 열량이 낮고, 섬유소가 많아서 여러 가지의 병을 막아 주는 작용도 있다. 과학적으로도 대단한 음식이라고 한다.

3학년 김세영

자랑스럽다, 싫다, 놀랍다, 사랑하다, 좋다, 대단하다, 맛있다, 먹다, 신기하다

Tip 독서 감상문의 짜임

- 처음에는 주인공 소개, 간단한 책의 내용이나 책을 처음 접했을 때의 생각을 써요.
- 가운데에는 하고 싶은 말을 써요. 줄거리, 등장인물의 행동, 기억에 남는 장면, 새로 알게 된 사실, 그리고 각각에 대한 여러분의 생각과 느낌도 꼭 써 넣어야 합니다.
- 끝에는 책을 읽고 나서의 전체적인 느낌으로 마무리해요.

(2) 아래 글은 3학년 어린이가 쓴 '효녀 심청'의 줄거리입니다. 주인공에 대해 여러분의 느낌이나 생각을 간단히 써 보세요.

'효녀 심청'을 읽고

옛날 심봉사의 아내가 심청이라는 아이를 낳고 죽었어요. 심청이가 자라서 아버지를 돌보았어요. 어느 날, 심청이 돌아오지 않자, 아버지가 마중을 나갔어요. 그러다 연못에 빠져서 스님이 구해 주었어요. 심청이는 아버지의 눈을 뜨게 할 수 있다는 말을 듣고 바다에 뛰어내렸어요. 다행히 심청이는 용궁에 가게 되어 즐거운 나날을 보냈어요. 그러다 심청이는 연꽃을 타고 인간 세상으로 다시 돌아왔어요.

임금은 심청이를 왕비로 삼았어요. 심청이는 아버지가 걱정되었어요. 그러다가 장님 잔치를 열어서 아버지를 만나게 되었어요. 아버지는 죽은 줄 알았던 심청이를 만나 너무 기뻐서 눈을 뜨게 되었어요.

3학년 손지호

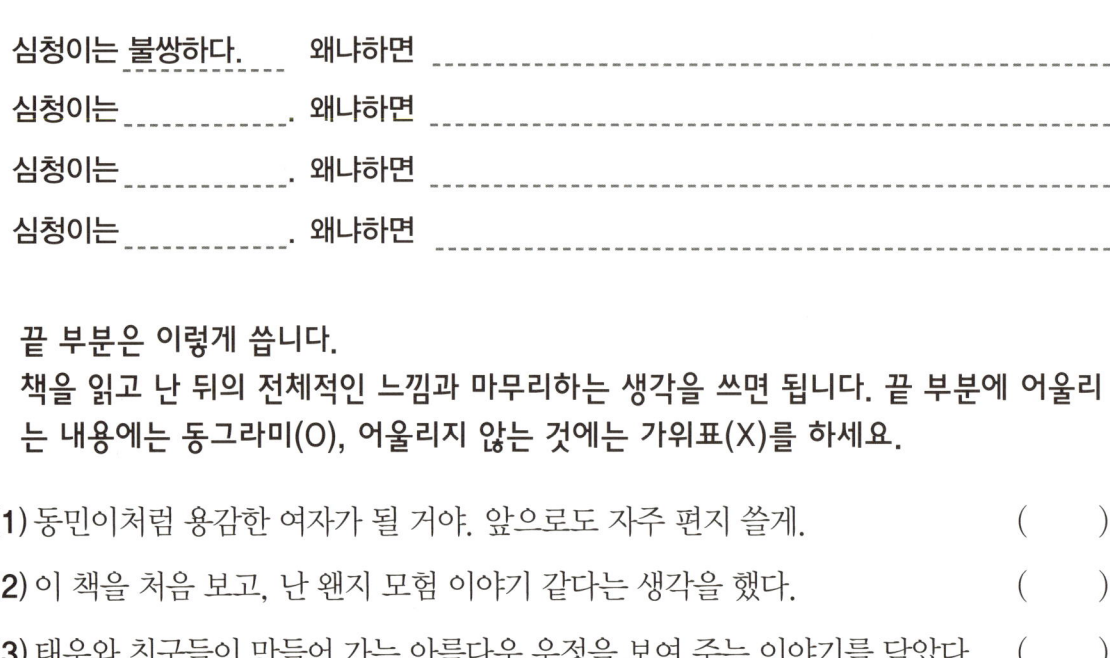

심청이는 <u>불쌍하다</u>.   왜냐하면 _____

심청이는 _____.   왜냐하면 _____

심청이는 _____.   왜냐하면 _____

심청이는 _____.   왜냐하면 _____

3 끝 부분은 이렇게 씁니다.
책을 읽고 난 뒤의 전체적인 느낌과 마무리하는 생각을 쓰면 됩니다. 끝 부분에 어울리는 내용에는 동그라미(O), 어울리지 않는 것에는 가위표(X)를 하세요.

(1) 동민이처럼 용감한 여자가 될 거야. 앞으로도 자주 편지 쓸게.   (   )

(2) 이 책을 처음 보고, 난 왠지 모험 이야기 같다는 생각을 했다.   (   )

(3) 태우와 친구들이 만들어 가는 아름다운 우정을 보여 주는 이야기를 담았다.   (   )

책 속의 주인공에게 편지글을 써 보아요

이야기를 읽고 편지 형식의 독서 감상문을 써 볼까요? 아래 글을 읽어 보세요.

짐승 말을 알아듣는 아이 귀똑똑이

옛날에 짐승 말을 알아듣는 '귀똑똑이'가 살고 있었어. 어려서 아버지와 어머니를 다 여의고 혼자서 여기저기 떠돌아다녔어. 하루는 어디를 가다 임금님 딸의 잃어버린 노리개를 찾아 주면 임금님이 사위를 삼겠다는 얘기를 듣게 되었어. 그래서 귀똑똑이는 그날부터 노리개를 찾아 돌아다녔어.

산길을 가다 원숭이 세 마리가 호미, 갓, 채찍을 서로 갖겠다고 시끄럽게 싸우는 소리를 들었어. 원숭이들에게 심판을 해 달라는 부탁을 받았지만, 결국 원숭이들은 뭐든지 살리는 호미, 뭐든지 죽이는 갓, 뭐든지 평평하게 만드는 채찍을 모두 귀똑똑이에게 주었어.

귀똑똑이는 그것들을 가지고 길을 가다 거북들이 하는 말을 들었어. 용궁에 사는 용왕님 딸이 병이 나서 다 죽게 되었다는 말을 들었어. 귀똑똑이는 용궁에 가서 용왕님의 딸을 살려 주고 공주의 노리개를 찾았어. 결국 귀똑똑이는 임금님의 사위가 되어 잘살다가 나중에는 임금이 되었다고 해.

(1) 이 이야기를 독서 감상문의 짜임에 맞추어 여러분의 생각을 정리해 보세요.

처음	
가운데	
끝	

(2) 정리한 짜임대로 주인공 귀똑똑이에게 보내는 편지를 각자 공책에 써 보세요.

Tip 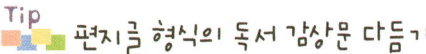 편지글 형식의 독서 감상문 다듬기

- 다시 한 번 읽어 보세요.
- 받는 사람에게 알맞은 말투로 썼나요? 자신의 마음이 잘 표현되었나요? 하고 싶은 말은 다 썼나요? 편지의 형식에 맞추어서 썼는지도 살펴보세요.

2 여러분이 읽은 책 중에서 가장 기억에 남는 책을 생각해 보세요. 그 책의 등장인물에게 여러분의 생각과 마음을 담아 편지를 써 보세요.

쓰마와 함께하는 옛속담 바꾸기

옛날부터 내려온 속담들은 사회에 대한 풍자와 비판, 교훈을 주는 유익한 짧은 문장입니다. 하지만 시간이 지나 신분과 차별이 사라지고, 생활이 여유로워지면서 속담들 중에도 요즘 사회와는 맞지 않는 부분이 생기기 시작했어요. 현대 사회와 맞지 않는 속담에는 어떤 것들이 있을까요?

암탉이 울면 집안이 망한다.
가정에서 여자들이 주장하는 의견이 많으면 집안이 잘 되지 않는다는 뜻으로, 남자들이 주로 사회생활을 하던 옛날에 생긴 말입니다. 하지만 요즘은 남자와 여자가 함께 일을 하는 시대입니다. 이제 '암탉이 울면 집안이 망한다.' 라는 속담은 '암탉이 울어야 알을 낳는다.' 정도로 바꾸어야 하지 않을까요?

오르지 못할 나무는 쳐다보지도 마라.
이 속담은 자기 분수를 알고 이룰 수 없는 일은 애초에 꿈도 꾸지 말라는 뜻입니다. 옛날에야 신분 차별 같은 벽이 있었지만, 오늘날에는 환경이 어려워도 노력하는 만큼 극복할 수 있지요. 오르지 못할 나무는 사다리라도 타고 오르면 되는 것 아니겠어요?

가만히 있으면 중간은 간다.
일부러 나서지 않으면 잃을 것도 얻을 것도 없다는 뜻의 속담입니다. 하지만 요즘에는 가만히 앉아서 안전하게만 행동하면 아무것도 될 수 없지요. 차라리 조금 위험하더라도 일어서서 자기 의지대로 행동하는 것이 더 용감한 일이 아닐까요?

모로 가도 서울만 가면 된다.
과정이야 어떻든 결과만 옳다면 된다는 뜻입니다. 과연 그럴까요? 아무리 좋은 결과를 얻더라도 그 과정에서 남에게 피해를 주거나 양심을 속인다면, 결과가 어떻든 나쁜 일임은 틀림없지요. 이 속담도 현대 사회에서는 사라질 속담 중에 하나랍니다.

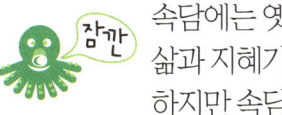

속담에는 옛 조상들의 삶과 지혜가 녹아 있습니다. 하지만 속담을 있는 그대로 아무 비판 없이 받아들이는 것보다는 현대 사회에 알맞게 적용하고, 맞지 않는 속담은 옛 조상들의 생활을 알 수 있는 자료로 활용하는 것이 어떨까요?

생각동화 곰 아저씨의 옹달샘

깊은 산 숲 속에 맑고 시원한 물이 샘솟는 옹달샘이 있었습니다.
그 옹달샘의 주인은 마음씨 좋기로 소문난 곰 아저씨였습니다.
곰 아저씨의 소문은 옆산에까지 알려져 힘이 약한 동물들이
너나 할 것 없이 찾아와 마음 놓고 목을 축였습니다.

어느 해, 가뭄이 들어 숲 속의 모든 웅덩이의 물은 물론
호수의 물마저 말라 버렸습니다.
곰 아저씨의 옹달샘도 겨우 쥐 오줌만큼 찔끔찔끔 나올 뿐이었습니다.
곰 아저씨의 옹달샘은 온갖 동물들로 북적거렸습니다.
평화로웠던 그곳은 금세 차례를 기다리다가
목이 타서 쓰러지는 동물들의 신음 소리와
이 틈에 주린 배를 채우려는 동물들의
으르렁거림으로 아수라장이 되어 갔습니다.

어느 날, 곰 아저씨는 고민 끝에 결심을 하고는
가슴 북을 치며 외쳤습니다.
"차라리 옹달샘을 막아 버리겠소. 그러니 다들 돌아가시오!"
곰 아저씨의 화내는 모습을 처음 본 동물들은
놀라 뒷걸음질을 쳤습니다.
한동안 침묵의 시간이 흐른 뒤,
여기저기서 두런두런 속닥이는 소리가 났습니다.

그리고 다시 동물들이 하나, 둘씩 옹달샘 앞으로 모여들었습니다.
곰 아저씨는 눈을 부라리며 일어서려다가
팔짱을 끼고 주저앉았습니다.
곰 아저씨의 눈에 참으로 아름다운 장면이 펼쳐졌습니다.
힘이 센 동물들이 병들고 연약한 동물들을 옹달샘 앞에다 먼저 세우고,
뒤에 가 줄을 서는 것이 아닙니까!
그때였습니다.
단비가 촉촉이 내리기 시작한 것은.

     이 인

쓰마랑 꼭 알아야 할 사전 이용법

모르는 낱말이 있을 때 우리는 사전을 찾아봅니다. 그런데 원하는 낱말을 찾기가 너무 어렵진 않나요? 단어들이 가득 있어서 헷갈리고, 어디에 내가 찾는 말이 있을까…….
정말 간단한, 사전 쉽게 찾는 방법을 알려 드릴게요. 이제 원하는 낱말을 찾기 위해 헤매지 마세요.

1. 단어의 첫 번째 자음을 확인한다.
ㄱ, ㄲ, ㄴ, ㄷ, ㄸ, ㄹ, ㅁ, ㅂ, ㅃ, ㅅ, ㅆ, ㅇ, ㅈ, ㅉ, ㅊ, ㅋ, ㅌ, ㅍ, ㅎ의 순서대로 국어사전에 배열되어 있답니다.

2. 다음은 모음을 찾는다.
모음은 ㅏ, ㅐ, ㅑ, ㅒ, ㅓ, ㅔ, ㅕ, ㅖ, ㅗ, ㅘ, ㅙ, ㅚ, ㅛ, ㅜ, ㅝ, ㅞ, ㅟ, ㅠ, ㅡ, ㅢ, ㅣ의 순서대로 배열되어 있어요. 자음이 같다면 모음으로 찾아야겠죠?

3. 자음과 모음이 모두 같다면 받침을 확인한다.
받침이 있는 경우에는, 받침의 배열 순서 역시 자음의 배열 순서와 같아요. 예를 들어 '독'이라는 단어와 '돌'이라는 단어가 있다면 '독'이라는 단어가 더 앞에 있겠지요.

이렇게 찾았는데도 단어가 나오지 않는다면 이런 점을 체크해 보세요.
1. 표준어로 찾았는가?
2. 단어의 기본형으로 찾았는가?
3. 하나의 낱말을 찾았는가?

또 사전에는 각 단어의 뜻 앞에 [명] 또는 [형] 등의 문자를 표시해 놓아요. 그 문자들의 뜻은 다음과 같아요.
[명] : 명사, [대] : 대명사, [수] : 수사, [조] : 조사, [동] : 동사, [형] : 형용사
[부] : 부사, [관] : 관형사

사전마다 맨 앞장에 사전을 이용하는 방법에 대해 자세히 실려 있으니, 맨 앞장의 '일러두기'를 읽고 나서 사전을 이용하면 더욱 편리하답니다.

잠깐 위의 방법대로 사전 찾는 것을 조금만 연습한다면, 곧 어떤 단어든지 문제없이 한 번에 찾을 수 있을 거예요. 사전 찾기는 숙제하는 시간이 더 줄어들 수도 있는 아주 유용한 비법이랍니다.